本書で紹介する攻略パターンが
令和５年１～６月実施分の本試験問題でも
ズバリ的中 !! し

コンデックス情報研究所では、長年の過去問
合格！ 第１種衛生管理者パターン別攻略法
令和５年１～６月実施分の本試験問題にお
で紹介した攻略法で解ける問題が多数出題さ

'23 年版 p.106「13 のリストで攻略！ 化学物質による健康障害！」

◆シアン化水素

高級・敬礼、知らんのか？
（呼吸困難、痙攣、シアン化水素）

正解肢に直撃！

令和５年１～６月本試験問題　問 14

化学物質による健康障害に関する次の記述のうち、正しいものはどれか。

(3) シアン化水素による中毒では、細胞内の酸素の利用の障害による呼吸困難、けいれんなどがみられる。

上のゴロ合わせはズバリの内容！
P.105 の出題実績でも１番に強調した物質だ！

上記の他にも的中問題続出 !!

本試験問題		攻略パターン
令和５年１～６月実施分 問 6	ズバリ的中 !!	攻略パターン 9
令和５年１～６月実施分 問 16	ズバリ的中 !!	攻略パターン 16
令和５年１～６月実施分 問 33	ズバリ的中 !!	攻略パターン 29

他多数

本書の特長と使い方

攻略パターン
出題から攻略すべきパターンを分析しました。

攻略パターン 31

わかればスッキリ！ 腎臓の機能と尿について！

腎臓と尿については、毎回のように出題される頻出項目だ。聞きなれない用語については、図を見ながら確認していこう。

イラスト
わかりやすいイラストが理解を助けます。

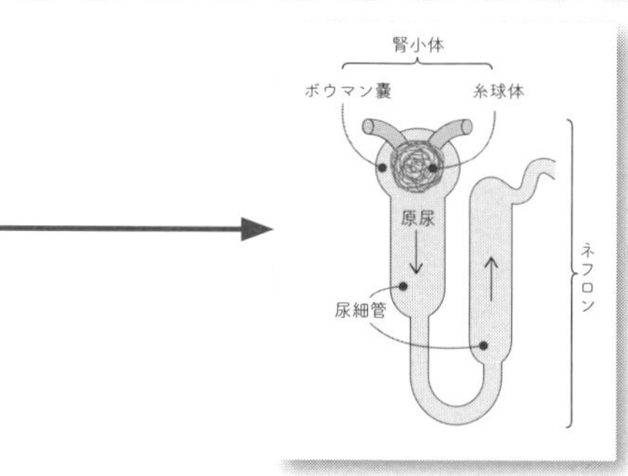

Study
出題パターンを解くうえでのポイントのまとめです。

赤シート
付属の赤シートを使って重要ポイントなどを確認できます。

■ Study ㊽ 血液循環の簡略図

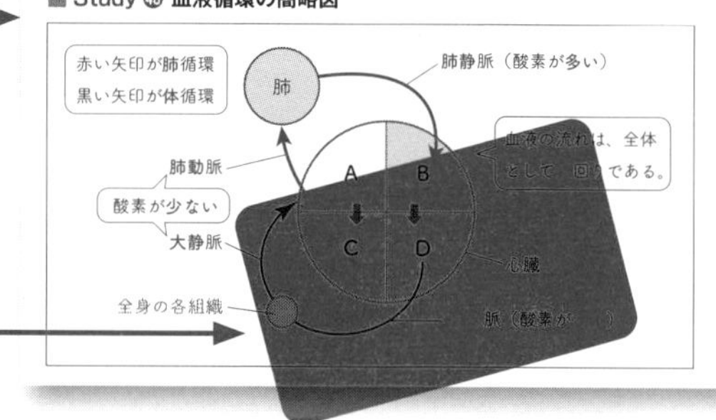

出題パターン
繰り返し出題されるパターン問題をピックアップしています。

● 「心臓の拍動」の出題パターン

①心臓の中にある洞結節（洞房結節）で発生した刺激が、刺激伝導系を介して心筋に伝わることにより、心臓は規則正しく収縮と拡張を繰り返す。（令3.7～12ほか）
②心臓の拍動は、自律神経の支配を受けている。（令2.1～6ほか）
③心筋は不随意筋であるが、骨格筋と同様に横紋筋に分類される。（令4.1～6ほか）
④動脈硬化とは、コレステロールの蓄積などにより、動脈壁が肥厚・硬化して弾力性を失った状態であり、進行すると血管の狭窄（さく）や閉塞を招き、臓器への酸素や栄養分の供給が妨げられる。（令3.1～6）

33 覚えることは3つだけ！ 心臓の拍動につ

本書は第１種衛生管理者試験合格のために必要な知識をパターンごとに分析し、その攻略法をわかりやすくまとめたテキストです。最新の公表問題である令和５年１～６月実施分の分析結果も反映していますので安心して学習できます。

本書は原則として 2023 年 12 月 1 日時点の法令に基づいて作成しています。

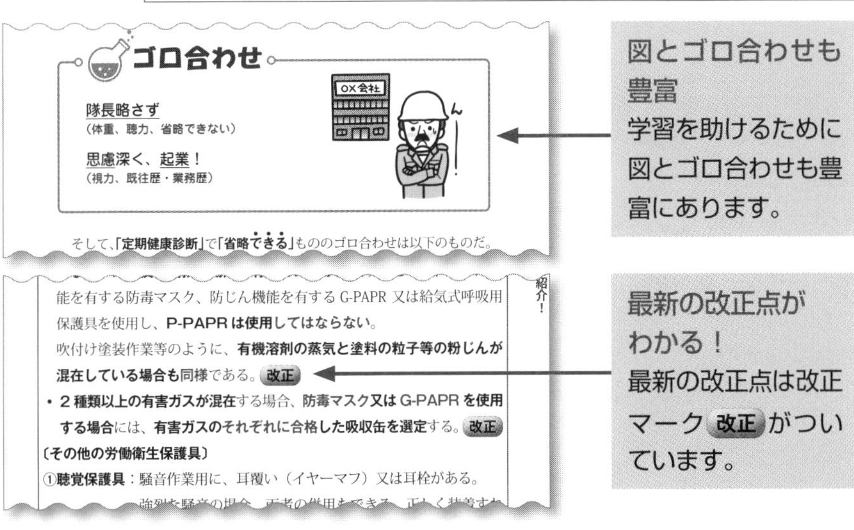

❖ 略語一覧 ❖

安衛法 ……………………… 労働安全衛生法
安衛令 ……………………… 労働安全衛生法施行令
安衛則 ……………………… 労働安全衛生規則
労基法 ……………………… 労働基準法
労基則 ……………………… 労働基準法施行規則
有機則 ……………………… 有機溶剤中毒予防規則
粉じん則 …………………… 粉じん障害防止規則
事務所則 …………………… 事務所衛生基準規則
電離則 ……………………… 電離放射線障害防止規則
特化則 ……………………… 特定化学物質障害予防規則
石綿則 ……………………… 石綿障害予防規則
鉛則 ………………………… 鉛中毒予防規則
酸欠則 ……………………… 酸素欠乏症等防止規則
女性則 ……………………… 女性労働基準規則

CONTENTS

Part.2 労働衛生（有害業務に係るもの）のパターン攻略

Part.3 関係法令（有害業務に係るもの以外）のパターン攻略

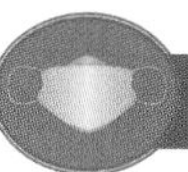

Part.4 労働衛生（有害業務に係るもの以外）のパターン攻略

Part.5 労働生理のパターン攻略

第１種衛生管理者試験　試験案内（例年）

この情報は令和５年度のものであり、今後変更される場合があります。受験される方は、事前に必ずご自身で（公財）安全衛生技術試験協会（以下「協会」とする）又は各安全衛生技術センター（以下「センター」とする）の発表を確認してください。

1 試験日

毎月１～５回（各試験地によって実施回数が異なります）

2 受験申請書の入手方法

（1）受験申請書を直接窓口で入手する場合

協会本部、各センター又は各センターホームページ掲載の申請書頒布団体で無料配布されています（10ページ参照）。

（2）受験申請書を郵送で入手する場合

協会本部又は受験を希望する各センター宛に以下のものを同封して申し込みます。

①衛生管理者免許試験を受験する旨と受験申請書の必要部数を明記したメモ。

②受験申請書の部数に合わせて、以下のように切手を貼付した宛先明記の返信用封筒（角型２号 34cm × 24cm）。

受験申請書の部数	切　手
1部	210円
2部	250円
3～4部	390円
5～9部	580円

3 受験申請書の受付期間（受験の申込期間）

（1）受験申請書を直接窓口まで提出する場合

第1受験希望日の2か月前から、各センターの休業日を除く2日前までとなります。ただし、各センターの定員に達したときは、第2希望日になります。

なお、各センターの休業日は、土曜日、日曜日、国民の祝日・休日、年末年始（12月29日～1月3日）、設立記念日（5月1日）となります。

（2）受験申請書を郵送（簡易書留）で提出する場合

第1受験希望日の2か月前～2週間（14日）前の消印有効です。

ただし、各センターにおいて定員に達したときは、第2希望日になります。

4 受験手数料

8,800円。

この受験手数料は例年のものですので、必ず受験する前に各自ご確認ください。

5 受験資格

衛生管理者の受験にあたっては、学歴とそれに応じた労働衛生の実務経験が必要となります。詳しくは各センターにご確認ください。

6 出題形式

すべて5肢択一式のマークシート方式です。

7 試験時間

3時間（13：30 ～ 16：30）

ただし、科目免除者は「労働生理」の科目が免除され、試験時間は2時間15分（13：30 ～ 15：45）となります。

8 合格基準等

科目ごとの得点が配点の40%以上であり、**かつ、全科目の合計点が満点の60%以上**の得点であることが必要となります。なお、全科目受験者の点数は400点満点です。近年では**45%前後の合格率**となっています。

9 試験科目

試験科目は、以下のとおりです（○が試験科目）。

試験科目（範囲）	問題数	配点	一般の受験者	科目免除者※
関係法令（有害業務に係るもの）	10問	80点	○	○
労働衛生（有害業務に係るもの）	10問	80点	○	○
関係法令（有害業務に係るもの以外）	7問	70点	○	○
労働衛生（有害業務に係るもの以外）	7問	70点	○	○
労働生理	10問	100点	○	

※　科目免除者とは、船員法による衛生管理者適任証書の交付を受けた者で、その後1年以上労働衛生の実務に従事した経験を有する場合に該当する。

試験問題は、協会より、半年ごとにその期間内に実施された1回分が公表されます。その半年間、同じ問題が繰り返し出題されているわけではありません。また、平成25年7月～12月実施分以前の正答は、協会より発表されていないため、本書独自の見解に基づくものになります。

10 合格発表

試験合格者には「免許試験結果通知書」が送付されます。

各センターホームページでも合格者受験番号が掲載されます。

11 試験についての問い合わせ先

公益財団法人　安全衛生技術試験協会	北海道安全衛生技術センター
〒101－0065 東京都千代田区西神田３－８－１ 千代田ファーストビル東館９階 TEL：03－5275－1088 https://www.exam.or.jp/	〒061－1407 北海道恵庭市黄金北３－13 TEL：0123－34－1171 https://www.hokkai.exam.or.jp/
東北安全衛生技術センター	**関東安全衛生技術センター**
〒989－2427 宮城県岩沼市里の杜１－１－15 TEL：0223－23－3181 https://www.tohoku.exam.or.jp/	〒290－0011 千葉県市原市能満 2089 TEL：0436－75－1141 https://www.kanto.exam.or.jp/
中部安全衛生技術センター	**近畿安全衛生技術センター**
〒477－0032 愛知県東海市加木屋町丑寅海戸 51－5 TEL：0562－33－1161 https://www.chubu.exam.or.jp/	〒675－0007 兵庫県加古川市神野町西之山字迎野 TEL：079－438－8481 https://www.kinki.exam.or.jp/
中国四国安全衛生技術センター	**九州安全衛生技術センター**
〒721－0955 広島県福山市新涯町２－29－36 TEL：084－954－4661 https://www.chushi.exam.or.jp/	〒839－0809 福岡県久留米市東合川５－９－３ TEL：0942－43－3381 https://www.kyushu.exam.or.jp/

Part.1

関係法令（有害業務に係るもの）のパターン攻略

攻略パターン 1

5つの攻略パターンで、衛生管理体制を攻略せよ！

第1種衛生管理者試験は、過去10年間で出題された問題を調べると、同じような問題が繰り返し出題されていることがわかる。その出題パターンと攻略法を身に付けるのが合格への早道だ。

出題・攻略パターンの把握が合格への早道！

本書は、**第1種衛生管理者試験の出題パターン**と、**オリジナルの攻略パターン**を紹介し、**合格への最短本**としてまとめたものである。

これから紹介していく本書の**「出題・攻略パターン」**は、おおよそ過去10年間で出題された問題を分析し、重点をまとめたものであり、これを押さえることは効率的な学習方法だ。

というのも、衛生管理者試験では、**過去に出題された問題と同じ（ような）問題が繰り返し出題**されるからだ。

本書では、基本的には試験と同じ順序で、各分野の頻出テーマを取り上げているよ。すべてのテーマを網羅してはいないけれども、必ず役立つはずだ。本書を読んだ後、実際の問題を解いてわからないところは、この本にカエってきてね。

関係法令　難解テーマも5つのパターンで攻略！

では内容に入ろう。関係法令（有害業務）では**過去10年間、必ず第1問で「衛生管理体制の選任状況」が出題**されている。第1問目から長文の問題が出され、多方面からの知識が要求される難しい内容ではある。ひょっとすると、この冒頭1問目が最も難しい問題かもしれない。

しかし、実はこのテーマも**5つの攻略パターンと、いくつかのプラスα の知識**を押さえれば、**対応に苦しむテーマではない**。

まず、**このテーマに関して過去10年間で出題された「資格者」**から確認しておくと、**第1種衛生管理者、労働衛生コンサルタント、衛生工学衛生管理者、産業医、総括安全衛生管理者、特定化学物質作業主任者**である。これら資格者の出題の内訳は以下のものだ。2回の組合せ問題を除いて、合計86問分から算出している。

■出題された資格者と内訳

資格者	内 容	出題パターン数 （繰り返しの出題数）
第1種衛生管理者	選任数と選任の可否	4（16）
	専任である必要性	2（17）
	全員が第1種の必要性	1（2）
労働衛生コンサルタント	非専属から1人選任	1（5）
	選任違反	1（8）
衛生工学衛生管理者	不在の可否	1（7）
	選任の義務	2（9）
産業医	選任内容	3（8）
	非専属	1（6）
総括安全衛生管理者	選任の義務	1（4）
特定化学物質作業主任者	選任の義務	2（4）

ここで言いたいことは、ぼんやりと衛生管理体制の問題を見ていると、あれこれと資格者が出てきて混乱しがちだが、**出題されている資格は上記6種類（実質4種類）**であること、また、**繰り返し出題されている問題が多い**ことだ。

この他にも様々なデータはあるのだが、これらを**5つの攻略パターン**にまとめると、次ページのものになる。

その他のデータの例として、**出題された「業種」**は**「多量の高温物体・暑熱場所」が8回**、**「多量の低温物体」が6回**、**「鉛等の粉じん、ガス等発散」が4回**といったぐあいだよ。

■ Study ❶「衛生管理体制の選任状況」の5つの攻略パターン

資格者	項　目	要件の要点	必要人数等
第1種衛生管理者※1	①選任数	**労働者数501人〜1,000人**	**3人**以上
	②専任の衛生管理者を選任する必要があるか	**労働者数1,001人以上、又は、501人以上**で、鉛、水銀や硫酸、一酸化炭素等有害物の**粉じん、蒸気**又は**ガス発散**場所、**暑熱・寒冷**業務等に**30人**以上	**1人**以上
労働衛生コンサルタント	③非専属の者から衛生管理者を選任できるか	**衛生管理者を2人以上選任**する場合	**1人まで**は可能
衛生工学衛生管理者	④この者の選任が必要な業務	**労働者数501人以上で、鉛**、水銀や硫酸、一酸化炭素等有害物の**粉じん、蒸気**又は**ガス発散**場所、**暑熱**業務に**30人**以上※2	**1人**
産業医	⑤専属が必要となる労働者数	**労働者数1,000人以上、又は、有害業務（深夜業含む）**に**500人以上。**	**1人**（3,001人以上は**2人**）

※1　**「有害業務」**における衛生管理者は、**すべて第1種衛生管理者の資格**が必要である。
※2　**寒冷**（低温含む）業務は、30人以上でも対象外。

上の表中の**①〜⑤が「衛生管理体制の選任状況」を攻略する5つのパターン**だ。また念のため、**常時使用される労働者数と衛生管理者の選任数等**をまとめたのが、次ページの**Study ❷**なので、これも確認して知識を補強しておきたい。

■ Study ❷ 労働者数に対する衛生管理者選任数など

労働者数	選任数	専　任※1	労働衛生コンサルタントの専属
50人～200人	1人以上	不要	必要※2
201人～500人	2人以上	不要	2人以上の衛生管理者のうち1人だけは専属でない労働衛生コンサルタントから選任できる
501人～1,000人	3人以上	不要	
1,001人～2,000人	4人以上	1人	
2,001人～3,000人	5人以上	1人	
3,001人以上	6人以上	1人	

※1 **「専任」の必要性**については、**501人以上**で、鉛、水銀や硫酸、一酸化炭素等有害物の**粉じん**、**蒸気**又は**ガス発散**場所、**暑熱・寒冷**業務に**30人以上**という**別の基準**もある。

※2 衛生管理者を労働衛生コンサルタントから選任する場合の話。

ここで上記の衛生管理者の選任者数について、簡単にゴロ合わせも紹介しておこう。

労働者数	選任数	ゴロ合わせ
201～500人	2	**兄**さんと**郷**さんで**2人**！
501～1,000人	3	恋は、**せん**と**見つ**からん！
1,001～2,000人	4	獣医の**ニセ者4人**いる！
2,001～3,000人	5	**ニイ～さん**は、**5人**いる！
3,001人以上	6	**さんぜん**と輝く、**ロック**スター！

さて、13ページで触れた**「総括安全衛生管理者」と「特定化学物質作業主任者」はどこにいったの？**…と思う人もいるだろう。この2つの資格は特殊なので、下の**Study ❸**で別途、覚えておきたい。

■ Study ❸「総括安全衛生管理者」と「特定化学物質作業主任者」の選任要件

「総括安全衛生管理者」→ ①運送業・建設業等で常時100人以上使用。
②製造業等で常時300人以上使用。
「特定化学物質作業主任者」→第1類～第3類物質を取り扱う作業。

「出題」パターンを確認していこう！

では、ここまでのStudyの内容で問題が解けるのか、実際の問題を確認してみよう。「衛生管理体制の選任状況」は問題文が長いので、1問ずつ区切って問題を紹介する。

●「衛生管理体制の選任状況」の出題パターン（その1）

常時800人の労働者を使用する製造業の事業場における衛生管理体制に関する（1）～（5）の記述のうち、法令上、誤っているものはどれか。ただし、800人中には、製造工程において次の業務に常時従事する者が含まれているが、他に有害業務に従事している者はいないものとし、衛生管理者及び産業医の選任の特例はないものとする。（令2.1～6）

鉛の粉じんを発散する場所における業務………30人
深夜業を含む業務……………………………………300人

（1）衛生管理者は、3人以上選任しなければならない。
（2）衛生管理者のうち1人については、この事業場に専属ではない労働衛生コンサルタントのうちから選任することができる。
（3）衛生管理者のうち1人を、衛生工学衛生管理者免許を有する者のうちから選任しなければならない。
（4）衛生管理者のうち少なくとも1人を、専任の衛生管理者としなければならない。
（5）産業医は、この事業場に専属の者を選任しなければならない。

※問題中「平成31年1月～令和元年6月」の実施分については「令元.1～6」と表記する。また、問題中にある「常時使用する」という語句について、解説では省略する。

「衛生管理体制の選任状況」の問題は、問題文（の設定）が長く、理解に時間がかかるのが特徴だ。しかし、**問題の設定をキッチリ判断できれば解ける**ので、落ち着いて取りかかろう。ちなみに、この先も含めて、本書では問題文のポイントを見つけるクセを身につけるためにも、原則として、問題文にヒント（グレーのアミかけ）を付けてある。

まず**選択肢（1）**は**「衛生管理者の選任数」**が問われている。**問題では800人の労働者**が使用されているので、14ページのStudy ❶における**攻略パターン①の「501人～1,000人は3人以上」**（安衛則7条1項4号）から、**正しい**。

次に**選択肢（2）**では、**専属ではない労働衛生コンサルタント**から**衛生管理者を1人選任できるか**が問われている。本問では3人の衛生管理者が選任されているが、**攻略パターン③**から、**衛生管理者を2人以上選任**する場合、**1人までは選任できる**から（安衛則7条1項2号）、**正しい**。ちなみに、「衛生管理者」は事業場に専属していることが原則だ。

選択肢（3）は、**衛生工学衛生管理者から衛生管理者を選任する必要があるか**が問われている。**攻略パターン④**から、**労働者数が501人以上で、鉛の粉じん等を発散**する場所における業務において、**30人以上の労働者**を従事させる場合は、衛生管理者のうち衛生工学衛生管理者1人を選任しなければならない（安衛則7条1項6号、労基則18条9号）。よって、**正しい**内容なのだ。

選択肢（4）は、**「専任の衛生管理者」を選任する必要性**が問われている。これは**攻略パターン②**から、**労働者数が501人以上で、鉛の粉じんを発散**する場所における業務において、**30人以上の労働者**を従事させる場合は、専任の衛生管理者を選任しなければならないので、**正しい**。

そして、最後の**選択肢（5）**では**「専属の産業医」の要否**が問われているが、**攻略パターン⑤**より、本問の事業場は「労働者数**1,000**人以上」でも、「有害業務（深夜業含む）**500**人以上」（安衛則13条1項3号）でもないので、**専属である必要はなく誤り**となる。

●「衛生管理体制の選任状況」の出題パターン（その2）

ある製造業の事業場の労働者数及び有害業務等従事状況並びに産業医及び衛生管理者の選任の状況は、次の①～③のとおりである。この事業場の産業医及び衛生管理者の選任についての法令違反の状況に関する（1）～（5）の記述のうち、正しいものはどれか。ただし、産業医及び衛生管理者の選任の特例はないものとする。（令4.7～12）

①労働者数及び有害業務等従事状況

常時使用する労働者数は800人であり、このうち、深夜業を含む業務に常時400人が、強烈な騒音を発する場所における業務に30人が常時従事しているが、他に有害業務に従事している者はいない。

②産業医の選任の状況

選任している産業医数は1人である。この産業医は、この事業場に専属の者ではないが、産業医としての法令の要件を満たしている医師である。

③衛生管理者の選任の状況

選任している衛生管理者数は3人である。このうち1人は、この事業場に専属でない労働衛生コンサルタントで、衛生工学衛生管理者免許を有していない。他の2人は、この事業場に専属で、共に衛生管理者としての業務以外の業務を兼任しており、また、第一種衛生管理者免許を有しているが、衛生工学衛生管理者免許を有していない。

（1）選任している産業医がこの事業場に専属でないことが違反である。
（2）選任している衛生管理者数が少ないことが違反である。
（3）衛生管理者として選任している労働衛生コンサルタントがこの事業場に専属でないことが違反である。
（4）衛生工学衛生管理者免許を受けた者のうちから選任した衛生管理者が1人もいないことが違反である。
（5）専任の衛生管理者が1人もいないことが違反である。

本問では、この事業場で違反しているものが問われている。やはり問題文は長いが、先ほどの問題を確認した皆さんは解ける気がするだろう。

選択肢（1）では**「産業医」が「専属でない」**ことが問われている。これは**攻略パターン⑤**より、産業医の専属が必要となるのは**労働者数が「1,000人以上」か、「有害業務（深夜業含む）500人以上」**（安衛則13条1項3号）なので、**違反していない**。

選択肢（2）は、**本問では800人の労働者**が使用され、**3人の衛生管理者が選任**されているが、**攻略パターン①から「501人～1,000人は3人以上」**（安衛則7条1項4号）なので、**違反していない**。

選択肢（3）では、本問の衛生管理者数は3人で、このうち1人は専属でない労働衛生コンサルタントである。**攻略パターン③**から、**衛生管理者を2人以上選任**する場合、**1人までは専属でない労働衛生コンサルタントを選任できる**から（安衛則7条1項2号）、**違反していない**。

選択肢（4）では、**衛生工学衛生管理者から衛生管理者が選任されていない**が、**攻略パターン④**から、**暑熱業務に30人以上の労働者を従事させていない**ので、**衛生工学衛生管理者を選任する必要はなく**（安衛則7条1項6号、労基則18条9号）、**違反していない**。

そして、**選択肢（5）**では「**専任の衛生管理者が1人もいない**こと」を問われているが、**攻略パターン②**では、**501人以上**で、「**鉛等**の有害業務に**30人以上**」の場合は**専任が必要**（安衛則7条1項5号）とある。この専任が必要な有害業務には、「**騒音**を発する場所の業務」や、**異常気圧下**、**著しい振動**を与える業務等が**含まれている**（労基則18条8号）。

よって、**専任の衛生管理者がいない**ことは**違反であり**、本問の**正解**となる。この「**騒音、異常気圧下、振動**」を追加知識として覚えておいてほしい。

●「衛生管理体制の選任状況」の出題パターン（その３）

常時 1,800 人の労働者を使用する製造業の事業場の有害業務及び衛生管理者の選任の状況は、次の①及び②のとおりである。この事業場の衛生管理者の選任についての法令違反の状況に関する A から D の記述について、正しいものの組合せは（1）～（5）のうちどれか。

ただし、衛生管理者の選任の特例はないものとする。（平 28.1 ～ 6）

①有害業務の状況

製造工程において多量の高温物体を取り扱う業務に常時 20 人の労働者が従事しているが、他に有害業務はない。

②衛生管理者の選任の状況

選任している衛生管理者数は３人である。

このうち１人は、この事業場に専属でない労働衛生コンサルタントで、衛生工学衛生管理者免許を有していない。

他の２人は、この事業場に専属で、衛生管理者としての業務以外の業務を兼任しており、また、第一種衛生管理者免許を有しているが、衛生工学衛生管理者免許を有していない。

A　選任している衛生管理者数が少ないことが違反である。

B　衛生管理者として選任している労働衛生コンサルタントがこの事業場に専属でないことが違反である。

C　専任の衛生管理者が１人もいないことが違反である。

D　衛生工学衛生管理者免許を有する者のうちから選任した衛生管理者が１人もいないことが違反である。

（1）A，C　（2）A，D　（3）B，C　（4）B，D　（5）C，D

本問も、この**事業場で違反**しているものが問われている。

ただ本問の場合、**記述Aをパッと見た際、本問では「常時1,800人の労働者」**が使用されているので、**攻略パターン①の「501人～1,000人は3人以上」**（安衛則7条1項4号）から、同じく3人では少ないんじゃない？…と感じるのではないだろうか。実際に**15ページのStudy ❷より4人の選任が必要**であり、**記述Aは正しい**。

そうなると、**記述Aが含まれる選択肢（1）か（2）が正解**となることが推測できる。具体的には、**記述CとDを確認**すればよい。

そこで、**記述C**を確認すると**「専任の衛生管理者が1人もいないことが違反」**とある。**攻略パターン②**から、**「専任の衛生管理者」が必要となるのは、労働者数1,001人以上**か、又は、**労働者数が501人以上**で、**鉛等の粉じんを発散**する場所における業務において、**30人以上の労働者**を従事させる場合である。

つまり、本問では**「常時1,800人の労働者」**が使用されているので、**専任の衛生管理者を選任しなければならず、この記述Cも正しい**。

以上より、本問では**選択肢（1）が正解**となる。

> **記述Bは攻略パターン③から、記述Dは攻略パターン④で判断できるよ。各自確認しておいてね。**

●「衛生管理体制の選任状況」の出題パターン（その4）

常時250人の労働者を使用する運送業の事業場における衛生管理体制に関する（1）～（5）の記述のうち、法令上、誤っているものはどれか。ただし、250人中には、次の業務に常時従事する者が含まれているが、その他の有害業務はないものとし、衛生管理者の選任の特例はないものとする。（令2.7～12）

深夜業を含む業務　200人
多量の低温物体を取り扱う業務　50人

（1）総括安全衛生管理者を選任しなければならない。
（2）衛生管理者は、2人以上選任しなければならない。
（3）衛生管理者は、全て第一種衛生管理者免許を有する者のうちから選任することができる。
（4）衛生管理者のうち少なくとも1人を専任の衛生管理者としなければならない。
（5）衛生管理者のうち、1人は専属でない労働衛生コンサルタントを選任することができる。

出題パターン（その4）では、条件がガラリと変わる。これは近年の問題だが、有害業務では初めて出題された**「運送業」**であり、労働者数も**「250人」**という内容だ。そして、**本問は15ページのStudy ❸**を活用することで解ける。

選択肢（1）では**「総括安全衛生管理者」の選任の要否**が問われている。この点、**Study ❸より「①運送業・建設業等で常時100人以上使用」している事業場で選任が必要**となるので、**正しい**。なお、**「②製造業等で常時300人以上使用」**する場合も選任が必要だ。

選択肢（2）では、**衛生管理者の選任数**が問われている。本問の労働者数は「250人」だが、15ページの**Study ❷**を覚えていれば対応できる。もし判断できなくとも、**攻略パターン①の「501人～1,000人は3人以上」**から、**その1つ前の2人**かな…と推測は可能ではないか。**本肢も正しい**。

選択肢（3）は、選任する衛生管理者は、**全て第1種衛生管理者でなければならないか**、という点が問われている。**有害業務**に係る事業の場合、**そ**

のとおりであり**正しい**。

そして**選択肢（4）**だが、本問の**労働者数は250人**である。**攻略パターン②**より、**少なくとも労働者数は501人以上でなければ専任の衛生管理者を選任する必要はない**ので**誤っている**。**本問はこの（4）が正解**となる。

以上が「衛生管理体制の選任状況」に関する出題・攻略パターンの解説だ。少しプラスαの知識が必要となる問題もあるが、基本的には14ページで紹介した**「5つの攻略パターン」を押さえていれば対応できる**。第1問目で出題されることもあり、苦手意識をなくして試験にはのぞもう。

直前に再チェック！

①労働者数501人～1,000人の事業場で、第1種衛生管理者の選任数は…
➡**3人以上！**

②「専任」の衛生管理者の選任が必要な場合は…
➡労働者数**1,001人以上**、又は、**501人以上**で、鉛、水銀や硫酸、一酸化炭素等有害物の**粉じん**、蒸気又はガス発散場所、**暑熱・寒冷・騒音・異常気圧下**・著しい**振動**などの業務に**30人以上**！

③労働衛生コンサルタントは、非専属の衛生管理者から選任できるか…
➡衛生管理者を**2人以上**選任する場合、**1人**までは可能！

④衛生工学衛生管理者の選任が必要な場合は…
➡労働者数**501人以上**で、鉛、水銀や硫酸、一酸化炭素等有害物の**粉じん**、蒸気又はガス発散場所、**暑熱業務**に**30人以上**！

⑤産業医の専属が必要となる労働者数は…
➡労働者数**1,000人以上**、又は、**有害業務**（深夜業含む）に**500人以上**！

攻略パターン2

セメントと潜水業務は、作業主任者の選任不要！

作業主任者については、そもそも選任が必要な業務か、また、作業主任者となるために免許が必要か、という2点の出題パターンがある。ここでは、これらの攻略パターンを紹介する。

作業主任者の出題パターンは2種類のみ！

ここでは2～4問目で出題されることが多い**「作業主任者」**の選任等に関する内容について解説する。

そもそも**作業主任者**とは、一定の危険・有害な作業における労働災害を防止するため、都道府県労働局長の**免許を受けた者**又は都道府県労働局長の登録を受けた者が行う**技能講習を修了した者のうちから、**作業区分に応じて、選任が義務付けられる者である（安衛法14条）。一定の**労働の危険を防止**するために、**作業主任者が指揮等を行う**のだ。そして、安衛令6条によって、31種類の選任が必要となる作業や業種が規定されている。

「作業主任者」とは言っても、特定化学物質作業主任者や有機溶剤作業主任者など、様々な種類があるよ。

この作業主任者に関する問題は、過去10年間で16回出題されているが、出題パターンとしては、**①特定の作業や業務について選任の義務があるか、②技能講習の修了で取得できる作業主任者の業務はどれか（逆に免許が必要となる作業主任者はどれか）**、という2点である。そして、①のパターンが13回出題されており、②のパターンが3回という出題実績だ。まずは**②についての出題・攻略パターン**から解説していこう。

免許の取得を要する３つの作業主任者を押さえよ！

作業主任者には「技能講習を修了」することで取得できるものと、「免許」が必要になるものがある。この点について、**「技能講習の修了」で取得できる作業主任者はどれか？**…という問題がちょくちょく出る。

そうであるならば、その作業主任者を覚えてしまえばよいのだが、それよりも**免許が必要となる作業主任者（＝技能講習ではダメ）を覚えてしまったほうが数も少なく、攻略が早い！**

■ Study ❹「技能講習」又は「免許」で取得できる作業主任者資格

技能講習の修了のみでよい	①特定化学物質、②有機溶剤、③酸素欠乏危険、④鉛、⑤四アルキル鉛等、⑥石綿、⑦金属アーク溶接 改正
免許の取得が必要	⑧**高圧室内**、⑨**エックス線**、⑩**ガンマ線**透過写真撮影

上記の表について、例えば⑧**の「高圧室内」の業務については、高圧室内作業主任者という作業主任者の選任が必要**と考えてよい。**この作業主任者となるためには、免許の取得が必要**というわけだ。

そして、**免許の取得が必要**となる作業主任者のゴロ合わせは、以下のものである。出題パターンとしては**「技能講習の修了」で取得できる作業主任者が問われる**ので、以下のものは免許が必要となる以上、**誤り**となる。

高圧的な
（高圧室内）

ガンちゃんこと
（ガンマ線透過写真撮影、

ミスターＸ（エックス）！
エックス線）

「出題」パターンを確認していこう！

では、「技能講習の修了」で取得できる作業主任者であるか否かに関する出題パターンを確認しておこう。

●「技能講習の修了で取得できる作業主任者」の出題パターン

労働安全衛生法に基づく技能講習を修了することによって取得できる資格に該当しないものは、次のうちどれか。（平 29.1 〜 6）

（1）特定化学物質作業主任者　（2）有機溶剤作業主任者
（3）石綿作業主任者　（4）酸素欠乏危険作業主任者
（5）高圧室内作業主任者

難しくはなかろう。本問は「技能講習」で取得できる作業主任者に「該当しない」ものが問われているので、「免許が必要」となる作業主任者がまぎれているということだ。

本問は「高圧的な（**高圧室内**） ガンちゃんことミスター X（エックス）！（**ガンマ線**透過写真撮影、**エックス線**）」から、**（5）が正解**となる。

「セメント」と「潜水」業務は選任不要！

次に、**そもそも作業主任者の選任が必要な業務か？**…という出題パターンについて解説していく。

とは言っても、前ページの Study ❹**の表に記載してある①〜⑩の業務が「選任が必要」**となる業務である。前ページで「免許」が必要となる業務を覚えたので、あとは**「技能講習の修了」で取得できる作業主任者の業務**を覚えてしまえばよい。

ただし、例えば**「①特定化学物質」の業務**とは言っても、具体的には、**硝酸**を用いる洗浄作業、**硫酸**を用いる洗浄作業、**アーク溶接**作業、といった

より具体的な業務を覚えていなければならない。

そこで、ここは**繰り返し出題されている選任が「不要」**となる**具体的業務**を紹介しておく。これを覚えることで、この出題パターンへの対応力が上がる。なお、作業主任者の選任義務については、過去10年間で15回出題されているが、下表（　）内の数字は、過去10年間の出題実績だ。

Study ❺ 覚えておきたい作業主任者の選任が「不要」な業務

①強烈な**騒音**を発する場所における作業（3）
②**レーザー光線**による金属加工の作業（4）
③**セメント**製造工程において**セメント**を袋詰めする作業（8）
④試験研究業務として**塩素**を取り扱う作業（3）
⑤**潜水**器からの給気を受けて行う**潜水**の作業（4）
⑥水深10m以上の場所における**潜水**の作業（6）
⑦自然換気が不十分な場所における**はんだ付け**の作業（1）

上記7つの業務のうち、さらに**ポイントは「セメント」と「潜水」**というキーワードだ。もちろん全てを押さえておけば、かなりの確率で正解できる。ということで、以下のゴロ合わせを確認しておこう。

ゴロ合わせ

え〜そうなの？　判断つけん！
（塩素、　はんだ付け）

超うるさいレーザーに
（強烈な騒音、レーザー光線）

面と向かって「センス不要！」
（セメント、潜水、に関する作業は選任不要）

「出題」パターンを確認していこう！

「作業主任者の選任義務」に関する出題パターンを確認しておこう。

●「作業主任者の選任の義務付け」の出題パターン

次のAからDの作業について、法令上、作業主任者の選任が義務付けられているものの組合せは（1）～（5）のうちどれか。（令4.7～12ほか）

A　水深10m以上の場所における潜水の作業
B　セメント製造工程においてセメントを袋詰めする作業
C　製造工程において硫酸を用いて行う洗浄の作業
D　石炭を入れてあるホッパーの内部における作業

（1）A，B　（2）A，C　（3）A，D　（4）B，C　（5）C，D

前ページのゴロ合わせの後半だけで正解できる。**「面と向かって『センス不要！』（セメント、潜水、に関する作業は選任不要）」**ということで、**正解は（5）**だ。ということで、少し細かい知識も覚えておかねばならないが、紹介した攻略パターンは押さえて試験に臨もう。

直前に再チェック！

- 免許が必要となる3つの作業主任者の業務は…
  ➡①**高圧室内**、②**エックス線**、③**ガンマ線**透過写真撮影の業務
- 作業主任者の選任が「不要」な業務で特に押さえたい2つは…
  ➡①**セメント**製造工程において**セメント**を袋詰めする作業
  ②**潜水**器からの給気を受けて行う**潜水**の作業

攻略パターン3

「特別の教育」の対象業務ポイントを紹介します！

試験では、「特別の教育」が必要となる業務であるか否かという問題がよく出題される。この攻略のポイントについて、解説していこう。

労働者の安全を守るための「特別の教育」

実際に働いている人は肌身に感じていると思うが、昨今の急激な技術の進化や労働者の高齢化など、労働環境は刻一刻と変化している。このような中で、**事業者には、**労働者の安全と健康に配慮した職場環境づくりに役立つよう、**労働災害の発生を防ぐ安全衛生教育の実施**が求められている。

そこで、安衛法59条では、事業者に労働者の雇入れ時と作業内容を変更したときの安全衛生教育の実施（安衛則35条）と、**危険又は有害な業務に就かせるときは、その業務に関する特別の教育**（安衛法59条3項）を行わなければならないと規定している。本題に入る前に、「特別の教育」に関連する内容を簡単にまとめておくと、以下のものだ。

◆教育の対象者

危険・有害業務に従事する者、安全衛生管理者、作業主任者、職長及び作業指揮者、事業者、管理職、総括安全衛生管理者など。

◆教育の講師

業務に関する最新知識と、**教育技法に関する知識及び経験を有する者**とされ、特別な資格は定められてはいない。

◆教育科目の省略

技能教習修了者や特別教育受講修了者等、十分な知識や経験を有している者については、その科目について省略をすることができる。

◆教育実施の記録

受講者、科目等について、**記録を3年間保存**する。

「対象業務」と、対象「外」業務の両面から攻略！

「特別の教育」の対象業務には50以上の業務が規定されており、安全衛生に関するものには以下のものがある。赤字の業務は覚えたいものだ。

■ Study ❻ 特別の教育の対象業務 （安衛則36条関係）

業　務
1 **アーク溶接**等業務
2 **チェーンソー**を用いて行う造材の業務
3 作業室等に送気をする**空気圧縮機の運転**業務
4 **高圧室内**作業、**潜水**作業者への**バルブ等操作**業務
5 **四アルキル鉛**等業務 →**「鉛ライニング」**に関する業務は**含まれない**！
6 **酸素欠乏危険場所**の業務
7 特殊化学設備の取扱い、整備及び修理の業務
8 **エックス線**装置又は**ガンマ線**照射装置の透過写真**撮影**業務 →「**撮影**」業務であり、「分析」等の業務は**含まれない**！
9 原子炉施設の管理区域内業務
10 特定粉じん作業・**石綿等建築物**の解体作業等
11 **廃棄物焼却**施設の**焼却灰**取扱い業務
12 東日本大震災の除染業務
13 **墜落制止用器具**を用いる業務

数は多いが、各業務の「物質名」まで覚える必要はない。過去10年間において**正しい選択肢とされた業務の上位6選**も紹介しておく。上の表と見比べてほしい。

■過去 10 年間で正しい選択肢とされた業務の上位 6 選

①**石綿等建築物**の解体作業に係る業務（7 回）
②**エックス線**装置の透過写真**撮影**業務（6 回）
②**廃棄物焼却**施設の**焼却灰**取扱い業務（6 回）
④**チェーンソー**を用いて行う造材の業務（3 回）
④**ガンマ線**照射装置の透過写真**撮影**業務（3 回）
④**潜水**作業者への**バルブ等操作**業務（3 回）

逆に「特別の教育」の**対象とはならない**業務についても紹介しておく。

■ Study ❼ 特別の教育の対象とは「ならない」主な業務

業　務
1 **有機溶剤**を取り扱う業務 接着業務、有機溶剤を入れたことのあるタンク内等業務など
2 **特定化学物質**を取り扱う業務（分析業務、滅菌業務等）
3 ボンベからの給気を受けて行う**潜水業務**（当業務は免許が必要）
4 強烈な**騒音**を発する場所の業務（当業務は時間外労働 1 日 2 時間制限業務）
5 超音波、**赤外線**又は**紫外線**にさらされる業務
6 チェーンソー**以外**の振動工具（**削岩機**や**チッピングハンマー**等）
7 人力による重量物を取り扱う業務
8 手持ち式動力工具を用いて行う粉じん作業の業務

■過去 10 年間で出題された、「対象とならない」業務の上位 5 選

①**有機溶剤**等を入れたことがあるタンクの内部における業務（5 回）
②**削岩機、チッピングハンマー**等チェーンソー**以外**の振動工具業務（4 回）
②**特定化学物質**第 2 類物質を取り扱う業務（4 回）
④**特定化学物質**を用いて行う分析の業務（3 回）
⑤**赤外線**又は**紫外線**にさらされる業務ほか（3 回）

ここでの**ポイントの 1 つ目は「特定化学物質」と「有機溶剤」というキーワード**だ。**これらに関する業務は対象とならない**と覚えよう。

また、**「チェーンソー以外の振動工具業務」も対象とはならない。逆に、「チェーンソーを用いて行う造材の業務」が対象となる**ことと比較して覚えておきたい。

「対象業務」と「対象とならない」のどちらを覚えるかは、学習しやすいほうを選択しよう。

そして、ここで注意したいのは前ページの**「対象とならない」業務の上位５選の**⑤だ。⑤について「○○線」という曖昧な覚え方をしていると間違ってしまう。

- **赤外線又は紫外線**にさらされる業務　➡対象と**ならない**。

- **エックス線**又は**ガンマ線**照射装置の透過写真撮影業務　➡対象と**なる**。

また、Study ❼の「潜水」について、キーワードだけで覚えていると、間違ってしまいかねない。

- **ボンベからの給気を受けて行う潜水業務**　➡対象と**ならない**。

- **潜水作業者へのバルブ等操作業務**　➡対象と**なる**。

「出題」パターンを確認していこう！

では、「特別の教育」に関する出題パターンを確認してみよう。冒頭の設問文は共通のものとして、このような設問文のうえで、各選択肢で様々な業務等が出題されるパターンである。実際の問題における選択肢は５つだが、ここでは知識の確認のため、まとめて掲載する。

●「特別の教育」の出題パターン

※出題年は省略する

次の業務のうち、当該業務に労働者を就かせるとき、法令に基づく安全又は衛生のための特別の教育を行わなければならないものはどれか。

①有機溶剤等を入れたことがあるタンクの内部における業務
②削岩機、チッピングハンマー等チェーンソー以外の振動工具を取り扱う業務
③石綿等が使用されている建築物の解体等の作業に係る業務
④高圧室内作業に係る業務
⑤鉛ライニングの業務
⑥潜水作業者への送気の調節を行うためのバルブ又はコックを操作する業務
⑦エックス線回折装置を用いて行う分析の業務
⑧廃棄物の焼却施設において焼却灰を取り扱う業務
⑨人力により重量物を取り扱う業務
⑩酸素欠乏危険場所における作業に係る業務
⑪第一種有機溶剤等を用いて行う有機溶剤業務
⑫水深10m以上の場所における潜水業務
⑬特定化学物質のうち第二類物質を取り扱う作業に係る業務

判断できただろうか。結論として「特別の教育」を行わなければならないものと、対象業務ではないものをまとめると以下のようになる。

- **行わなければならないもの** →③、④、⑥、⑧、⑩。
- **対象業務ではないもの** →①、②、⑤、⑦、⑨、⑪、⑫、⑬。

前ページまでの解説で判断できるので詳しい解説は省略するが、いくつか補足的にコメントしておこう。

まず、**「特定化学物質」と「有機溶剤」に関する業務は対象とならない**という点から、**パターン①、⑪、⑬は真っ先に除外**できるはずだ。また、**「チェー**

ンソー以外の振動工具業務」も対象とはならないという点から、**パターン②も除外**できる。

パターン⑤の「鉛ライニング」業務には、悩んだ人もいると思う。しかし、「**四アルキル**鉛」ではないので、対象**ではない**。

パターン⑥の「潜水作業者への」「バルブ又はコックを操作する業務」は、注意したいところだ。これは**対象となる**。他方、**パターン⑫の「潜水業務」は対象ではない**。

そして、**パターン⑦**はヒッカケ問題だ。「エックス線」とあるが、行うのは「分析」業務であり、**「撮影」ではない**。よって、**対象とならない**。

パターン⑨の「重量物」は31ページの**Study ❼**のとおり、**対象ではない**。「対象業務」は30ページの**Study ❻**のものだけであり、試験対策上、これに該当しないものは「特別の教育」の対象ではないと考えよう。

「特別の教育」については、コツをつかめば難しいテーマではないので、ぜひ得点源にしてほしい。

直前に再チェック！

- 「特定化学物質」と「有機溶剤」に関する業務は「特別の教育」の対象となる？ **➡ならない！**
- 「チェーンソー以外の振動工具業務」は「特別の教育」の対象となる？ **➡ならない！**
- 「潜水作業者への送気の調節を行うためのバルブ又はコックを操作する業務」は「特別の教育」の対象となる？ **➡なる！**
- 「潜水業務」自体は、「特別の教育」の対象となる？ **➡ならない！**

攻略パターン4 繰り返し解いて覚える！「定期自主検査」の攻略法！

定期自主検査についての問題は、覚えることが多いやっかいな問題の１つだ。ここは出題パターンを繰り返し解いて、覚えてしまうのが近道である。

「物質」と「設備等」の組み合わせで正誤が変わる

危険・有害な場所で労働者を作業させる場合、事業者には労働者の安全と健康障害防止を確保するため、作業場所における**設備・機械・装置等の定期的な点検（自主検査）**が義務付けられている（安衛法45条1項）。これが**定期自主検査**だ。

この定期自主検査については、**各種物質とそれに関連する装置等に「定期自主検査」が必要かどうか（法令で義務付けられているか）**、という点が出題されるが、各種装置等とその設置原因となった物質名を覚えなければならないのがやっかいだ。そして、それらの組み合わせによって、検査義務があったり…なかったり…と正誤が変わりうる非常に厄介なテーマなのだ。

しかし、幸いにも嫌らしい問題が出ているわけでもなく、**過去に出題された物質名を押さえておく**ことで、**かなり正解率を上げる**ことができる。衛生管理者試験では、同じ問題が繰り返し出題されているからだ。

そして、結局のところ**「問題を繰り返し解いて覚える！」**ことが**「定期自主検査」攻略の近道**なのだ。ここは後の出題パターンや過去問を繰り返し解いたりして、身につけてしまうしかない。

特に覚えておきたい「装置・設備」と「対象物質等」をまとめたのが、次ページのStudy ❽だよ。

■ Study ❽ 定期自主検査における要点（安衛令 15 条等）

装置・設備	対象物質等
局所排気装置、プッシュプル型換気装置	①特定化学物質は、第 1 類、第 2 類が対象。第 3 類は対象外。 →**アンモニアは第 3 類特定化学物質**であり、**義務なし。** →**塩酸は第 3 類特定化学物質**であり、**義務なし。** ②有機溶剤は、第 1 種、第 2 種が対象（第 3 類はタンク内部の吹付けのみ）。 →**アセトンは第 2 種有機溶剤**であり、**義務あり。** →**二硫化炭素は第 1 種有機溶剤**であり、**義務あり。** →**酢酸エチルは第 2 種有機溶剤**であり、**義務あり。** →**トルエンは第 2 種有機溶剤**であり、**義務あり。** →**エタノールは有機溶剤だが第 1 種～第 3 種への分類がなく、該当しない（義務なし）。** ③特定粉じん発生源が対象。 →**セメントの袋詰めは、該当する。** →**木材加工用丸のこ盤は、該当しない（義務なし）。** ④鉛。
除じん装置	①特定粉じん発生源（上記③参照）、②鉛。
排液処理装置	**特定化学物質の第 2 類、第 3 類**のうち **8 種類** →**塩酸**、硝酸、**硫酸**、**シアン化カリウム**、**シアン化ナトリウム**、アルキル水銀化合物、硫化ナトリウム、ペンタクロルフェノールに関する**排液処理装置が対象。** →**アンモニアは、第 3 類特定化学物質だが該当しない（義務なし）。**
排ガス処理装置※	**特定化学物質の第 2 類、第 3 類** →**硫酸ジメチル、弗化水素が該当する**ものとして覚えておこう。 →**一酸化炭素**を含有する気体を排出する製造設備は、**該当しない。**
特定化学設備	**特定化学物質の第 2 類、第 3 類**の製造・取扱設備 →**フェノールは第 3 類特定化学物質**であり、**義務あり。**

※ 排気筒又は局所排気装置、プッシュプル型換気装置に付設される。

上記の表に加えて、その他のポイントも押さえておこう。

その他のポイント！

◆「全体換気装置」は、定期自主検査の対象ではない！
◆定期自主検査の実施期間：1年以内に1回。
特定化学設備だけ、2年以内に1回。
◆記録の保存期間は、すべて3年間。

以上のように、覚えることは多いのだが、ここは出題パターンと前ページのStudy ❽を行き来して「物質と装置等」、そして、それに検査義務があるのかを身につけてしまおう。

「出題」パターンを確認していこう！

では、「定期自主検査」に関する出題パターンを確認する。冒頭の設問文は共通のものとするが、このような設問文を前提として、各選択肢で様々な物質と装置等が羅列されるというパターンだ。

●「定期自主検査」の出題パターン（一部改題）

※出題年は省略する

次の装置のうち、法令上、定期自主検査の実施義務が規定されているものはどれか。

①アーク溶接を行う屋内作業場に設けた全体換気装置
②アンモニアを使用する作業場所に設けたプッシュプル型換気装置
③木材加工用丸のこ盤を使用する作業場所に設けた局所排気装置
④エタノールを使用する作業場所に設けた局所排気装置
⑤アンモニアを含有する排液用に設けた排液処理装置
⑥酢酸エチルを重量の5%を超えて含有する接着剤を製造する工程において、当該接着剤を容器に注入する屋内の作業場所に設けた局所排気装置
⑦実施頻度が1年以内ごとに1回、硫酸を取り扱う特定化学設備

⑧アセトンを用いて洗浄業務を行う屋内の作業場所に設けた局所排気装置
⑨セメントを袋詰めする屋内の作業箇所に設けた局所排気装置の除じん装置
⑩化学繊維を製造する工程において、二硫化炭素を重量の5%を超えて含有する溶剤を混合する屋内の作業場所に設けた局所排気装置
⑪一酸化炭素を含有する気体を排出する製造設備の排気筒に設けた排ガス処理装置
⑫硫酸ジメチルを取り扱う屋内の作業場所に設けた局所排気装置の排ガス処理装置
⑬弗化水素を含有する気体を排出する製造設備の排気筒に設置した排ガス処理装置
⑭塩酸を使用する屋内の作業場所に設けた局所排気装置
⑮トルエンを用いて洗浄を行う屋内の作業場所に設置したプッシュプル型換気装置
⑯シアン化カリウムを含有する排液用に設けた排液処理装置
⑰フェノールを取り扱う特定化学設備

まず、**パターン①**についてだが、**全体換気装置は定期自主検査の対象ではない**。よって、**定期自主検査の実施義務はない**。なお、このパターンは過去10年間で5回の出題があったので注意しておこう。

次に**パターン②**だが、**アンモニア**は**特定化学物質の第3類**にあたり、プッシュプル型換気装置を設けていても**定期自主検査の実施義務はない**。

パターン③の木材加工用丸のこ盤を使用して発生する粉じん作業は、**特定粉じん発生源には該当しない**。よって、**定期自主検査の実施義務はない**。

パターン④のエタノールは、有機溶剤に分類されているが（安衛令別表9の名称通知対象に指定）、**有機溶剤の第1種～第3種のどれにも区分されていない**。よって、局所排気装置を作業所に設けていたとしても、有機則

の規制はなく、**検査義務の対象には該当しない**。

パターン⑤の「アンモニア」と「排液処理装置」の関係は少し難しい。アンモニアは**第３類特定化学物質**に該当するが、**「排液処理装置」**において**検査義務**があるのは、**第２類と第３類のうち８種類だけ**であり、**アンモニアは該当しない**のだ。ここは覚えてしまおう。

パターン⑥の酢酸エチルは、**第２種有機溶剤**であり、この作業場所にある**局所排気装置には、定期自主検査の実施義務がある**（有機則５条、20条１項）。

パターン⑦の硫酸の**特定化学設備**だが、これは**実施頻度が誤っている。「2年に１回」であり１年に１回ではない**のだ。

パターン⑧のアセトンは第２種有機溶剤であり、洗浄業務作業場所に設けた局所排気装置は**定期自主検査の実施義務がある**。

パターン⑨のセメントを袋詰めする作業は、**特定粉じん発生源であり**、その局所排気装置の除じん装置は、**定期自主検査の実施義務がある**。

パターン⑩の二硫化炭素は、**第１種有機溶剤**（有機則１条１項１号、安衛令別表６の２・38号）であり、その局所排気装置には**実施義務がある**。

パターン⑪の一酸化炭素の排気筒に設けた**排ガス処理装置**だが、これは**該当しない**。

パターン⑫の硫酸ジメチルと**パターン⑬の弗化水素**は、**Study ❽**のとおり、局所排気装置の**排ガス処理装置に実施義務がある**。

パターン⑭の塩酸は、**第３類特定化学物質**であり、局所排気装置を設けていても検査の**実施義務はない**。

パターン⑮のトルエンは第２種有機溶剤であり、**プッシュプル型換気装置**には、**定期自主検査の実施義務がある**。

パターン⑯のシアン化カリウムの**排液処理装置**については、Study ❽のとおり、**定期自主検査の実施義務がある**。

パターン⑰のフェノールは、**第３類特定化学物質**であり、その特定化学設備については**定期自主検査の実施義務がある**。

以上のように、決して簡単なテーマではないが、ここで紹介したよく出るパターンだけでも押さえて試験にのぞもう。

直前に再チェック！

〔以下のものは、定期自主検査の対象となるか？〕

- 「全体換気装置」は… **➡ならない！**
- 「アンモニア」を使用する作業場所に設けた「プッシュプル型換気装置」は… **➡ならない！**
- 「アンモニア」を含有する排液用に設けた「排液処理装置」は… **➡ならない！**
- 「エタノール」を使用する作業場所に設けた「局所排気装置」は… **➡ならない！**
- 「木材加工用丸のこ盤」を使用する作業場所に設けた「局所排気装置」は… **➡ならない！**
- 「排ガス処理装置」で検査の対象となる物質について、特に覚えておきたい２つの物質は… **➡硫酸ジメチル、弗化水素！**

攻略パターン 5
ポイントを押さえて、作業環境測定を攻略する！

「作業環境測定」については、各業務における「測定頻度」が頻出だ。ここは覚えるべきポイントを押さえておくことで、正解率をグッと上げられるぞ。

押さえるべきは「測定頻度」と「作業環境測定士」！

労働者の作業場には、健康に悪影響を及ぼすガスや蒸気、粉じん等の有害物質、騒音・放射線等の健康障害の原因となる要素が存在する場所もある。これら有害因子による職業性疾病を予防するために、必要な対策をとることが安衛法 65 条で**「作業環境測定」**として規定されている。

この規定を受けて安衛令 21 条では、**作業環境測定を実施しなければならない 10 種類（本書では 11 種類）**の作業場を定め、関連業務の測定項目等を各省令で定めているというわけだ。

上の作業場数の違いについて、本書は「特化則」と「石綿則」という別法令の規定にそって「11 作業場」としているよ。安衛令 21 条では、両者をまとめて規定しているから「10 作業場」となっているんだ。

この**「作業環境測定」に関する出題内容は、①各業務における測定頻度、②作業環境測定士による測定が必要な業務、の 2 点だけ**だ。これらについては、次ページの **Study ❾**の内容で十分対応できるので、しっかり覚えてもらいたい。

■ Study ❾「作業環境測定」の要点（安衛令 21 条関係）

対象となる業務（作業場）	測定項目	測定頻度（以内に1回）	記録保存期間	関連規則
①**特定粉じん等**を発散する業務	遊離けい酸含有率、空気中粉じん濃度	**6か月**	7年	粉じん則26条
②**暑熱・寒冷・多湿**となる作業場（**温度**関係）	気温、湿度、輻射熱	**半月**	3年	安衛則607条
③著しい**騒音**が発生する業務（**チッパーチップ**）	等価騒音レベル	**6か月**	3年	安衛則590条
④**坑内**の業務	①**炭酸ガス**濃度	**1か月**	3年	安衛則592条
	②気温28度	**半月**		
	③通気量	**半月**		
⑤空気調和設備設置事務所	CO、CO_2 濃度（室温、外気温、湿度）	**2か月**	3年	事務所則7条
⑥**放射線**業務	線量当量、放射線濃度	**1か月**	5年	電離則53～55条
⑦**特定化学物質**業務	1類·2類物質濃度	**6か月**	3年※	特化則36条
⑧**石綿**取扱い業務	空気中濃度	**6か月**	40年	石綿則36条
⑨**鉛**取扱い業務	空気中鉛濃度	**1年**	3年	鉛則52条
⑩**酸素欠乏**危険場所	酸素濃度、硫化水素濃度	**作業開始前**	3年	酸欠則3条
⑪**有機溶剤**業務	空気中濃度	**6か月**	3年	有機則28条

※一定のものは30年

■上記のうち「作業環境測定士」等による測定が義務づけられる作業場

①**特定粉じん**等を発散する業務、②**放射線**業務※、③**特定化学物質**業務、④**石綿**取扱い業務、⑤**鉛**取扱い業務、⑥**有機溶剤**業務

※放射線業務は、放射性物質取扱作業室及び事故由来廃棄物等取扱い施設に限る。

補足していこう。まず、基本的には**「特定の業務」と「測定頻度」の対応**が判断できればよい。

そこで、まず押さえたいことは、⑨**の「鉛」**を取り扱う業務の**測定頻度だけが1年**ということである。ここは覚えやすいだろう。

次に、③**の「著しい騒音」**が発生する業務について**「チッパーチップ」**というキーワードを覚えてもらいたい。**「チッパー」とは粉砕機**のことで、例えば、木材をチッパーで細かく粉砕し、**木材チップを作る屋内作業場**などが作業環境測定の必要な業務に該当する。そして、この作業場の**測定頻度は6か月以内に1回**である。

なお、**他に「6か月」に1回のもので意識しておきたいのが**①**の「粉じん」**だ。この業務についてもよく出題されている。

獅子奮迅！
（特定粉じん等を発散する業務）

チップを渡そう、6か月に1回！
（チッパーチップの作業場は、
6か月に1回の頻度で測定）

次に覚えたいのは**1か月以内に1回**の頻度で行う**「坑内」の「炭酸ガス濃度」と「放射線」**の業務だ。「坑内」の業務については、測定対象で頻度が異なるが、**「炭酸ガス濃度」が1か月で、それ以外は半月に1回**である。

そして、**「暑熱・寒冷・多湿」**となる作業場、つまり、**温度関係は半月に1回**という点も押さえたい。

測定頻度について特に意識したいところは以上である。

その上で**「作業環境測定士」等による測定が義務づけられる６つの業務**は、しっかり覚えておこう。31ページの特別の教育と同じく、ここでも「**特定化学物質**」と「**有機溶剤**」がキーワードになる。

「出題」パターンを確認していこう！

では、「作業環境測定」に関する出題パターンを確認してみよう。「作業環境測定」については「測定頻度」に関する問題と、「作業環境測定士」に関する問題があるので、分けて掲載する。

また、それぞれ冒頭の設問文は共通のものとした。この設問文のうえで、各選択肢で様々な業務等が出題されるパターンだ。実際の問題では選択肢は5つだが、知識の確認のため、ここでは頻出の選択肢をまとめて掲載する。

●「作業環境測定」の出題パターン（測定頻度）

※出題年は省略する

有害業務を行う作業場について、法令に基づき、定期に行う作業環境測定と測定頻度との組合せとして、誤っているものは次のうちどれか。

①鉛ライニングの業務を行う屋内作業場における空気中の鉛の濃度の測定……………………1年以内ごとに1回

②鉛蓄電池の解体工程において鉛等を切断する業務を行う屋内作業場における空気中の鉛の濃度の測定……………………1年以内ごとに1回

③チッパーによりチップする業務を行う屋内作業場における等価騒音レベルの測定……………………6か月以内ごとに1回

④非密封の放射性物質を取り扱う作業室における空気中の放射性物質の濃度の測定……………………1か月以内ごとに1回

⑤通気設備が設けられている坑内の作業場における通気量の測定……………………半月以内ごとに1回

⑥多量のドライアイスを取り扱う業務を行う屋内作業場における気温及び湿度の測定……………………1か月以内ごとに1回

⑦寒冷又は多湿の屋内作業場における気温及び湿度の測定
……………………………………………………… 半月以内ごとに１回
⑧特定粉じん作業を常時行う屋内作業場における空気中の粉じんの濃度の測定………………………………………………6か月以内ごとに１回
⑨常時セメントを袋詰めする作業を行う屋内作業場における空気中の粉じん濃度の測定………………………………………6か月以内ごとに１回

各業務と測定頻度の組合せは、42ページのStudy ❾を復習しながら確認していってほしい。まず、**パターン①と②の「鉛」**の業務に関する問題だが、43ページで触れたように、**鉛の作業場の測定頻度だけは「1年」以内に1回**である。したがって、**パターン①と②はともに正しい**。

パターン③のチッパーによりチップする屋内作業場の測定頻度は、**6か月以内に1回**であり**正しい**。ゴロ合わせで紹介したものだ。

このパターン③は、過去10年間で7回も繰り返し出題されている！　このテーマでは最頻出のパターンなんだ！

パターン④の放射性物質の取扱い作業の測定頻度は**1か月以内に1回**でこれも**正しい**。**1か月以内に1回の場合は、これと坑内の炭酸ガス**濃度の測定がある。そして、**坑内の炭酸ガス濃度以外の測定は、半月以内に1回**だ。よって、**パターン⑤は正しい**。

正誤合わせ、パターン④は過去10年間で9回、パターン⑤は9回も出題されているよ。全集中で覚えよう！

パターン⑥のドライアイスは寒冷作業であり、その測定は**半月以内に1回**なので、1か月以内は**誤っている**。ちなみに、このドライアイスについては、過去10年間で7回も出題されている。また、**パターン⑦の寒冷又は多湿作業場も「温度関係」**ということで、**半月以内に1回は正しい**。

そして、**パターン⑧**の特定**粉じん**と、**パターン⑨**のセメント袋詰めの**粉じん**濃度測定は、**6か月以内に1回なので、いずれも正しい**内容である。

最後に、作業環境測定士に関する出題パターンを確認する。

●「作業環境測定」の出題パターン（作業環境測定士）

次の法定の作業環境測定を行うとき、作業環境測定士に測定を実施させなければならないものはどれか。（令元.7～12）

①チッパーによりチップする業務を行い著しい騒音を発する屋内作業場における等価騒音レベルの測定
②パルプ液を入れてある槽の内部における空気中の酸素及び硫化水素の濃度の測定
③有機溶剤等を製造する工程で有機溶剤等の混合の業務を行う屋内作業場における空気中のトルエン濃度の測定
④溶融ガラスからガラス製品を成型する業務を行う屋内作業場における気温、湿度及びふく射熱の測定
⑤通気設備が設けられている坑内の作業場における通気量の測定

簡単な解説で済ませるが、42ページのStudy ❾で触れた作業環境測定士による測定が必要となるもののうち、「**特定化学物質**」と「**有機溶剤**」がキーワードになる。よって、**正解は**③ということだ。

直前に再チェック！

- 「鉛」を取り扱う業務の測定頻度は…　➡**1年以内に1回！**
- チッパーによりチップする業務を行う屋内作業場の測定頻度は…　➡**6か月以内に1回！**
- 1か月以内に1回の頻度で測定を行う業務は…　➡①「**坑内の炭酸ガス濃度**」と②「**放射線**」業務！
- 「温度関係」の業務の測定頻度は…　➡**半月以内に1回！**
- 「作業環境測定士」等による測定が義務づけられる業務は…
  ➡①**特定粉じん**等を発散する業務、②**放射線**業務、③**特定化学物質**業務、④**石綿**取扱い業務、⑤**鉛**取扱い業務、⑥**有機溶剤**業務

コラム　れっきとした「過去問」です！

本書は「公表問題」を基礎として分析した上で、**第1種衛生管理者試験に合格することに特化**して作成した参考書である。ただし、**「公表問題」**と見た受験生の中には「過去問じゃないの？」と思った人もいるかもしれないが、**れっきとした「過去問」**である。「公表問題」とは、試験の実施団体である「公益財団法人 安全衛生技術試験協会」のホームページ上で公表されている過去問題のことであり、そのホームページ上では「試験問題は、令和〇年△月から□月までに実施したものです。」としっかり表記されている。「本試験問題」として「実施したもの」なので、**実際にどこかの地域の試験センターで出題された問題が公表されている**ということだ。この点の正確を期すため、本書では「公表問題」と表現しているというわけだ。

攻略パターン 6

7つの製造許可物質を押さえ、特定化学物質を攻略せよ！

特定化学物質のうち、その製造に厚生労働大臣の許可を要する7つの物質が問われる問題がよく出る。この7つの物質を押さえることで得点源にできる！

ポイントは「第1類」の「製造許可物質」！

特定化学物質は、労働者に健康障害を与える可能性の高いものとして、安衛令別表3で有害性の発症度をもとに**第1類～第3類物質に分類**され、それぞれ規制されている。

第1類物質は、がん等の健康障害を引き起こす最も有害性が高いものとして、**厚生労働大臣の製造許可が必要となる8種類**の物質がある（安衛法56条1項、安衛令17条）。これらの物質を**製造許可物質**と呼ぶことにするが、試験では**これを押さえることがポイント**だ。

製造許可物質は、この他にも石綿分析用試料等もあるけれども、まずは本書紹介のものを覚えよう！

次に、**第2類**物質は、第1類に次いで有害性が強いものとして、塩化ビニルや塩素など**60種類以上が指定**されている。**第3類**物質はアンモニア、一酸化炭素等の大量漏えいによる急性中毒を引き起こすものとして**9種類**がある。

さらに、危険物及び有害物に関しては、その他に黄りんマッチなど9種類の「製造等の禁止」（安衛法55条、安衛令16条1項）や、製造許可が必要な物質を含む物質の譲渡等に「名称等の表示」及び「名称等の通知（SDS交付）」義務（安衛法57条、57条の2、安衛令18条、18条の2、令別表9、同別表３の一部）が定められるなど、各物質への規制がある状態だ。

特に通知の対象となる物質等は600を超す種類があるが、これらの物質名をすべて覚える必要はない。後で参考に出題された表示・通知義務のある物質名の一部をまとめるが、あくまで「こんなものが出たのか」ぐらいに眺めてもらって構わない。**試験で大切**なのは、**製造許可物質**だからだ！

そこで、まずは**７つの製造許可物質**を確認しよう。前ページで８種類と述べたが、実質以下の７種類でよい。

■ Study ⑩「第１類」の製造許可物質７種類（安衛令別表３）

①**ジクロルベンジジン**及びその塩	
②**アルファ－ナフチルアミン**及びその塩	
③**塩素化ビフェニル**（別名PCB）	
④**オルト－トリジン**及びその塩	⑤**ジアニシジン**及びその塩
⑥**ベリリウム**及びその化合物	⑦**ベンゾトリクロリド**

ここは面倒でも覚えなくてはならない。製造許可が必要なもの又は不要なもの（＝第１類ではないもの）がそのまま出題されるからだ。そこで、以下のゴロ合わせも使ってみよう。

遠足が　あるなぁ…
（塩素化ビフェニル、アルファ－ナフチルアミン）、

じゃあニンジン　クロール・弁当
（ジアニシジン、ジクロルベンジジン、
ベンゾトリクロリド）

おっと便利だ！
（オルト－トリジン、ベリリウム）

製造許可物質については、ジアニシジン、ベリリウム、ベンゾトリクロリド、アルファ－ナフチルアミンの4つが集中的に出題されている。ただ念のため、7つとも覚えておきたいね。

その他、押さえておきたい知識はこれだ！

7つの製造許可物質を覚えたら、次に特定化学物質に関するその他の知識も確認しておければ安心だ。要点をまとめたものが以下のStudy ⑪である。赤字を覚えておけばよい。

■ Study ⑪ その他、特定化学物質の要点

項　目	第1類	第2類	第3類
①作業環境測定	**6か月**ごとに1回。記録は**3年間**保存※1		対象外
②作業場への**立入り**	**関係者以外立入禁止**であり、その旨を**表示**する		禁止作業場「外」。ただし、合計100ℓ以上を取り扱う場合は禁止
③定期自主検査	**1年**に1回 特定化学設備※2は**2年**に1回 記録は**3年間**保存		特定化学設備※2は2年に1回
④製造設備等	密閉式設備。**囲い式フード**の局所排気装置又はプッシュプル型換気装置とする		特に定めなし
⑤健康診断	**6か月**以内ごとに1回 記録は**5年間**保存※1		対象外
⑥作業主任者	特定化学物質・金属アーク溶接等及び四アルキル鉛等作業主任者**技能講習修了者**のうちから選任 改正		

※1：ただし、**特別管理物質**として、第1類では塩素化ビフェニルを除く6物質、第2類では特別有機溶剤のエチルベンゼン等を含め30を超える物質が指定されており、この場合、**記録の保存期間は30年間**となる。

※2：特定化学設備とは、第2類物質の一部又は第3類物質を製造又は取り扱う設備で、移動式以外のもの等（塩素、ベンゼン、アンモニア、硝酸、硫酸等）。

最後に、製造許可物質に該当しない「第２類」物質等のうち、過去に出題された主な物質を紹介しておく。ただし、**これらは参考程度**に眺めておけばよい。これらの物質が「第１類」物質と一緒に出題されて、許可の要否が問われる…というわけだ。

■出題実績のある「第２類」物質等（数字は出題回数）

- オルト－フタロジニトリル（5）
- ベータ－プロピオラクトン（4）
- エチレンイミン（3）
- パラ－ニトロクロルベンゼン（3）
- エチレンオキシド（3）
- クロロメチルメチルエーテル（2）

「出題」パターンを確認していこう！

では、実際の問題を確認していこう。

●「特定化学物質等」の出題パターン（その１）

①次の特定化学物質を製造しようとするとき、労働安全衛生法に基づく厚生労働大臣の許可を必要としないものはどれか。（令3.7～12）

（1）インジウム化合物
（2）ベンゾトリクロリド
（3）ジアニシジン及びその塩
（4）ベリリウム及びその化合物
（5）アルファ－ナフチルアミン及びその塩

上記のような形式で出題される。つまり、**「許可を必要としないもの」**、もしくは、**「許可を受けなければならないもの」はどれか**という出題パターンだ。これは**49ページのStudy ⑩を覚えているか否かで勝負が決まる。**

困ったときはゴロ合わせを使おう。「遠足があるなぁ（**塩素化**ビフェニル、**アルファ**－ナフチルアミン）、じゃあニンジン（**ジアニシジン**）　クロール・弁当（**ジクロル**ベンジジン、**ベンゾト**リクロリド）　おっと便利だ！（**オル**

ト-トリジン、**ベリ**リウム)」である。

ゴロ合わせでは、各物質の多くは冒頭だけ覚える形になっているが、ヒントにはなるはずだ。ともかく、許可を要しないものは **(1)** となる。

では、厳密な意味での出題パターンではないが、以下の問題で知識を確認してしまおう。

●「特定化学物質等」の出題パターン(その2)

②次の特定化学物質を製造しようとするとき、あらかじめ、厚生労働大臣の許可を受けなければならないものはどれか。

(1) エチレンオキシド	(2) ベンゾトリクロリド
(3) ジアニシジン	(4) ベリリウム
(5) ベーターナフチルアミン	(6) オルト－フタロジニトリル
(7) パラーニトロクロルベンゼン	(8) アルファーナフチルアミン
(9) ベータープロピオラクトン	(10) ベンジジン
(11) クロロメチルメチルエーテル	(12) 塩素化ビフェニル
(13) エチレンイミン	(14) ジクロルベンジジン

この問題が答えられれば、製造許可物質に関する問題はマスターできた。ゴロ合わせも用いて、**正解は(2)(3)(4)(8)(12)(14)**である。

ひょっとすると、「(10) ベンジジン」で間違った人がいるかもしれない。ベンジジンは「クロール(ジクロル)」が必要だ!

では、「その他」の出題パターンについても確認しておこう。

●「特定化学物質等」の出題パターン（その3）

特定化学物質の第一類物質に関する次の記述のうち、法令上、正しいものはどれか。（平29.7～12）

③第一類物質を容器に入れ、容器から取り出し、又は反応槽等へ投入する作業を行うときは、発散源を密閉する設備、外付け式フードの局所排気装置又はプッシュプル型換気装置を設けなければならない。

④第一類物質は、「クロム酸及びその塩」をはじめとする7種の発がん性の認められた化学物質並びにそれらを一定量以上含有する混合物である。

⑤第一類物質を取り扱う屋内作業場についての作業環境測定結果及びその評価の記録を保存すべき期間は、3年である。

パターン③については、50ページのStudy ⓫の④から、**局所排気装置のフードは「囲い式」**としなければならないので、**誤っている**。

パターン④については、こういう出題パターンもあるということだが、もう判断できるだろう。**「クロム酸及びその塩」は第1類物質に含まれていないので、誤っている**。

最後の**パターン**⑤については、50ページのStudy ⓫の①から、**作業環境測定の記録の保存期間は原則3年間**だが、**特別管理物質は30年間**となるので、3年と言い切っている点で**誤っている**。

直前に再チェック！

- 特定化学物質のうち製造許可を要する7つの第1類物質は…

 ➡**①ジクロルベンジジン及びその塩**

 ②アルファ－ナフチルアミン及びその塩

 ③塩素化ビフェニル（別名PCB）

 ④オルト－トリジン及びその塩

 ⑤ジアニシジン及びその塩

 ⑥ベリリウム及びその化合物

 ⑦ベンゾトリクロリド

攻略パターン 7

6つの機械等を押さえれば、譲渡等の制限は攻略できる！

有害・危険な業務にかかわる機械や器具については、その譲渡等が制限されるものがある。このうち6つを覚えていれば、この譲渡等の制限に関する出題パターンは攻略できる！

6つの機械等を覚えてしまえばよい！

さらっとしか触れなかったが、前テーマで解説した「製造等禁止物質」については、製造、輸入、譲渡、提供又は使用してはならないという規制があった。

ここでは**防毒マスクや防じんマスク**など、**有害・危険な作業で使用される機械や器具**についても、**譲渡や貸与又は設置をしてはならないという規制**がある話をする。いわゆる**譲渡制限**の話だ。

有害又は危険な作業で使用される機械や器具は、常に安全な状態で使用・管理をされなければならず、そうでなければ使用（設置・貸与・譲渡も）することが認められていない。これらの機械等について、安衛法42条は「厚生労働大臣が定める規格又は安全装置を備えていなければ、譲渡や貸与又は設置してはならない」と規制しているのだ。

そして、この点について**「厚生労働大臣が定める規格を具備しなければ、譲渡等をしてはならない機械等に該当するものは次のうちどれか。」**という**出題パターン**があるのだ。

譲渡等の制限を受ける機械・器具を覚えてしまえば、この出題パターンは攻略できる！

この出題パターンは、安衛法別表２と安衛令13条で規定されている**6種類の機械等を覚えてしまえばよい**。その６種類以外のものも含めているが、それが以下のものである。（　）内は出題実績だ。

■ Study ⑫「譲渡等の制限」を受ける機械・器具等

安衛法別表２で定められるもの	安衛令13条で定められるもの
①**防じんマスク**（4）	①**潜水器**（3）
②**防毒マスク**※1（7）	②10キロボルト以上の（特定）**エックス線装置**（3）
③**電動ファン付き呼吸用保護具**※2（2）	③ガンマ線照射装置
④交流アーク溶接機用自動電撃防止装置	④再圧室
⑤絶縁用保護具	⑤墜落制止用器具
⑥絶縁用防具	⑥**チェーンソー**（**内燃機関・排気量40cm³以上**）（4）
⑦保護帽	

※1 ②防毒マスクについては、一酸化炭素用（3）、アンモニア用、亜硫酸ガス用（1）、ハロゲンガス用（3）、有機ガス用がある。（令14条の2第6号、則29条の2）

※2 ③電動ファン付き呼吸用保護具については、防じん機能を有するもの以外に、防毒機能を有する「ハロゲンガス用、有機ガス用、アンモニア用、亜硫酸ガス用」の型式検定合格品4種類が対象。（令13条5項・表、14条の2、安衛則29条の3） 改正

たくさんあるじゃん！…と思うなかれ。**赤字になっている6種類を覚えておけば正解率がグンと上がる。これらばかりが出題されている**からだ。カッコ内の数字が過去10年間での出題回数だが、その他のものは、念のためだ。

ゴロ合わせ
①チリも毒も付かないマスクが
（防じん・防毒マスク、
ファンに人気！
電動ファン付き呼吸用保護具）
②エッと驚く、潜水艦のテンチョー！
（特定エックス線装置、潜水器、チェーンソー）
くださーい!!

「出題」パターンを確認していこう！

では、前ページのStudy ⑫の内容で問題が解けるのか、実際の問題を確認していこう。

●「譲渡等の制限」の出題パターン（その1）

①厚生労働大臣が定める規格を具備しなければ、譲渡し、貸与し、又は設置してはならない機械等に該当しないものは、次のうちどれか。

（令2.7～12）

（1）潜水器　（2）一酸化炭素用防毒マスク
（3）ろ過材及び面体を有する防じんマスク
（4）放射性物質による汚染を防止するための防護服
（5）特定エックス線装置

②厚生労働大臣が定める規格を具備しなければ、譲渡し、貸与し、又は設置してはならない機械等に該当するものは次のうちどれか。（令2.1～6）

（1）防振手袋　（2）化学防護服
（3）送気マスク　（4）放射線測定器
（5）特定エックス線装置

これが譲渡等の制限に関する問題の出題パターンだ。**パターン①**は「該当しないもの」、**パターン②**は「該当するもの」が出題されている。

譲渡等の制限を受ける機械等は、前ページのゴロ合わせを思い出せばよい。「チリも毒も付かないマスクがファンに人気！（**防じん・防毒マスク**、電動**ファン付き**呼吸用保護具）」と「エッと驚く、潜水艦のテンチョー！（特定**エックス線**装置、**潜水器**、**チェーンソー**）」だ。

よって、**パターン①の譲渡等の制限を「受けない」機械等は（4）**であると判断できるし、**パターン②の制限を「受ける」機械等は（5）**である。

出題パターンは前ページの２種類しかないので、知識の確認として、以下の例題も解いてもらいたい。

●「譲渡等の制限」の出題パターン（その２）

③厚生労働大臣が定める規格を具備しなければ、譲渡し、貸与し、又は設置してはならない機械等に該当するものは次のうちどれか。

（1）防振手袋　（2）化学防護服　（3）送気マスク
（4）放射線測定器　（5）特定エックス線装置
（6）ハロゲンガス用防毒マスク
（7）聴覚保護具　（8）空気呼吸器　（9）酸素呼吸器
（10）工業用ガンマ線照射装置
（11）防じん機能付き電動ファン付き呼吸用保護具　（12）潜水器
（13）排気量 40cm^3 以上の内燃機関を内蔵するチェーンソー
（14）ろ過材及び面体を有する防じんマスク
（15）硫化水素用防毒マスク

この問題が答えられれば、譲渡等の制限に関する問題はマスターできたといえる。**正解は（5）（6）（10）（11）（12）（13）（14）**である。

このように、「譲渡等の制限」も覚えてしまえば得点源にできる。ここは落とさないように、しっかりと押さえておこう。

直前に再チェック！

・覚えておきたい、譲渡等の制限を受ける６つの機械等は…
➡①防じんマスク、②防毒マスク、
③電動ファン付き呼吸用保護具（防じん用・防毒用）、
④潜水器、⑤ 10 キロボルト以上の（特定）エックス線装置、
⑥チェーンソー（内燃機関、排気量 40cm^3 以上）

攻略パターン8

海水と汚水は第２種！酸素欠乏危険作業を攻略！

「酸素欠乏危険作業」に関する問題は、易しい部類の問題だ。キーワードは「海水・汚水は第２種！」ということで、その他のポイントとあわせて紹介しておく。

酸素欠乏危険作業には、２種類がある

有害業務に係る関係法令の分野において、**「酸素欠乏危険作業」に関する出題は、**衛生管理体制と同じく**突出して多い**。

酸素欠乏症等防止規則（酸欠則）によれば、**「酸素欠乏症等」とは、酸素欠乏症と硫化水素中毒**の労働災害を指す。厚生労働省のデータによれば、両者の発生件数は2000年初頭から10件前後で推移しており、両方とも製造業、建設業、清掃業での発生が多く、全体の６～８割を占めている状態だ。そして酸欠則では、これらの酸素欠乏症等の危険場所の指定、作業環境測定、換気等の作業環境管理や保護具等の作業管理や作業主任者などを具体的に規定して対応を決めている。

そして、そもそも**酸素欠乏危険作業**には**「第１種」**と**「第２種」**がある。まずここで押さえたいことは**「第２種」の「海水」と「汚水」**だ！

「第１種」酸素欠乏危険作業

➡安衛令別表６の１～12号に規定されているもの（第２種①②を除く）

「第２種」酸素欠乏危険作業

➡①**海水**の滞留（安衛令別表６　３の３号）、暗きょ・ピット等
②**汚水**の入っている（同令別表６　９号）、暗きょ・ピット等
③その他、同令別表６の12号で規定される場所

「第２種」は「海水・汚水」と「硫化水素」！

酸素欠乏危険作業については「第１種」と「第２種」の２種類があり、これらの酸素欠乏危険作業についての規定内容が問われる。先に重要ポイントを挙げるが、**覚えることはこれだけ**だ。

■ Study ⑬「酸素欠乏危険作業」の重要ポイント

項　目	第１種	第２種
作業場所	安衛令別表６に指定された場所（果菜熟成倉庫、ドライアイス冷蔵車など）	**海水**の滞留するピット内等 **汚水**を入れた暗きょ等
換　気	・**酸素濃度**は、**18％以上**とする。 ・**硫化水素濃度**は、**10ppm**（100 万分の 10）**以下**とする※1。 ・**換気**に際して、**純酸素の使用**は**禁止**される。 ・**換気が不能な場合等**※2 **は、空気呼吸器**等を使用させる。 →空気呼吸器等は、空気呼吸器、酸素呼吸器、送気マスクをいい（酸欠則５条の 2）、**防毒マスクは含まない**！	
作業環境測定の時期と対象	**測定時期は、作業開始前。** **対象は、酸素濃度**	**測定時期は、作業開始前。** **対象は、酸素濃度と硫化水素濃度**
作業主任者（それぞれの技能講習修了者に限る）	・**酸素欠乏危険作業**主任者※3 ・**酸素欠乏・硫化水素危険作業**主任者	**酸素欠乏・硫化水素危険作業**主任者

※１：「ppm（parts per million）」とは、濃度の単位のことで 100 万分の１を表し、％と同じ扱い。100 万 ppm は 100％と同じ（10ppm は 0.001％）。

※２：**換気が不能な場合等**とは、「**爆発、酸化等を防止**するため」（酸欠則５条１項）、「**タンクの内部その他通風が不十分な場所でのアルゴン溶接**作業等」（酸欠則 21 条 1、2 項）などである。

※３：**「酸素欠乏危険作業主任者」は、「酸素欠乏・硫化水素危険作業主任者」とは異なる**ので、**第２種の作業主任者には選任できない**。

以上の内容のうち、特に重要な点は**「第２種」の危険作業場所のキーワードである「海水と汚水」、「第２種」の測定対象には、第１種と異なり「硫化水素」濃度が含まれる**点である。

ゴロ合わせ

①雨の一種でも、海水・汚水は2流か！
（雨水が滞留している場所は第1種、
海水・汚水の滞留等をしている場所、
硫化水素の測定は第2種）

②一派が賛成で歓喜！
（18％以上の酸素、換気）

2流10人がピーピー文句ダメ！
（2種の硫化水素は10ppm超えでダメ）

上記ゴロ合わせ①では、突然「雨（雨水）」が出てくるが、雨水が滞留しているピット内での作業は「**第1種**」ということだ。「海水・汚水」とのヒッカケ問題として出てくる。

「出題」パターンを確認していこう！

「酸素欠乏危険作業」の出題パターンを確認してみよう。なお、パターン⑬については、知識の確認のため、よく出題されるものから選択肢数を増やしている。

●「酸素欠乏危険作業」の出題パターン

①第二種酸素欠乏危険作業を行う作業場については、その日の作業を開始する前に、空気中の酸素及び亜硫酸ガスの濃度を測定しなければならない。（平27.7～12ほか）

②第一種酸素欠乏危険作業を行う作業場については、その日の作業を開始する前に、当該作業場における空気中の酸素の濃度を測定しなければならない。（令4.7～12ほか）

③第一種酸素欠乏危険作業については、その日の作業開始後速やかに、当該作業場における空気中の酸素の濃度を測定しなければならない。（平29.7 ～ 12 ほか）

④第一種酸素欠乏危険作業を行う作業場については、その日の作業を開始する前に、空気中の酸素及び二酸化炭素の濃度を測定しなければならない。（平 27.7 ～ 12）

⑤酸素欠乏危険作業を行う場所の換気を行うときは、純酸素又は新鮮な外気を使用しなければならない。（平 27.7 ～ 12 ほか）

⑥硫化水素中毒とは、硫化水素の濃度が 1ppm を超える空気を吸入することにより生ずる症状が認められる状態をいう。（平 24.1 ～ 6）

⑦爆発、酸化等を防止するため、酸素欠乏危険作業を行う場所の換気を行うことができない場合には、空気呼吸器、酸素呼吸器又は送気マスクを備え、労働者に使用させなければならない。（令 2.1 ～ 6 ほか）

⑧酸素欠乏危険作業を行う場所において、爆発、酸化等を防止するため換気を行うことができない場合には、送気マスク又は防毒マスクを備え、労働者に使用させなければならない。（令 4.1 ～ 6 ほか）

⑨タンクの内部その他通風が不十分な場所において、アルゴン等を使用して行う溶接の作業に労働者を従事させるときは、作業を行う場所の空気中の酸素の濃度を 18％以上に保つように換気し、又は労働者に空気呼吸器、酸素呼吸器若しくは送気マスクを使用させなければならない。（令2.1 ～ 6 ほか）

⑩海水が滞留したことのあるピットの内部における作業については、酸素欠乏危険作業主任者技能講習を修了した者のうちから、酸素欠乏危険作業主任者を選任しなければならない。（令 4.7 ～ 12 ほか）

⑪汚水を入れたことのあるピットの内部における清掃作業の業務に労働者を就かせるときは、第一種酸素欠乏危険作業に係る特別の教育を行わなければならない。（令 2.1 ～ 6 ほか）

⑫労働者が酸素欠乏症等にかかったときは、遅滞なく、その旨を当該作業を行う場所を管轄する労働基準監督署長に報告しなければならない。（平

29.7 ～ 12 ほか）

⑬法令上、第二種酸素欠乏危険作業に該当するものはどれか。

1　雨水が滞留したことのあるピットの内部における作業

2　果菜の熟成のために使用している倉庫の内部における作業

3　酒類を入れたことのある醸造槽の内部における作業

4　汚水その他腐敗しやすい物質を入れたことのある暗きょの内部における作業

5　第一鉄塩類を含有している地層に接するたて坑の内部における作業

6　相当期間密閉されていた鋼製のタンクの内部における作業

7　海水が滞留したことのあるピットの内部における作業

パターン①は「第２種」の作業場での測定対象が問われている。**酸素と亜硫酸ガスではなく、酸素と硫化水素**なので**誤っている**。なお、**測定のタイミングは「第１種」「第２種」ともに作業開始前**なので**正しい**。

パターン②は「第１種」の作業場での測定対象が問われている。第１種は「**酸素**」を測定するので**正しい**。また、上で述べたように、測定のタイミングも**正しい**。そうなると、**測定のタイミングを作業「開始後」**としている**パターン③**は**誤っている**。

パターン④も「第１種」の作業場での**測定対象**が問われている。第１種は「**酸素**」を測定するので、「酸素及び二酸化炭素」としている本問は**誤っている**。

パターン⑤は「換気」に際して「純酸素」の使用が禁止されるので**誤っている**。純酸素は可燃性が高く、爆発や火災などの事故につながるためだ。

パターン⑥について、**作業場所では酸素濃度を 18%以上、硫化水素濃度を 10ppm 以下に保つように換気**しなければならない（酸欠則５条１項）。よって、**1ppm ではなく、誤っている**。

パターン⑦と⑧は、爆発や酸化等の防止のため、**換気を行うことができない場合**の話だ。この場合は「**空気呼吸器、酸素呼吸器又は送気マスク**を備え、労働者に使用させなければならない」（酸欠則5条の2第1項）。

よって、**⑦は正しいが、⑧は「防毒マスク」とあり誤っている。**

パターン⑨は、ここまでの総合的な選択肢だ。**換気は「酸素の濃度を18%以上」**又は**「空気呼吸器、酸素呼吸器若しくは送気マスクを使用」**ということで**正しい**。

パターン⑩で出てくる**「海水」は、「第２種」酸素欠乏危険作業**である。よって、**酸素欠乏危険作業主任者は、酸素欠乏・硫化水素危険作業主任者の技能講習修了者ではなく**、第２種の作業主任者には選任**できない**。**誤っている。**

そして、**パターン⑪の「汚水」も「第２種」の作業**ということで、**「第１種」に係る特別の教育ではなく、誤っている。**

パターン⑫については触れていなかったが、**作業場所での事故報告**の話である。酸欠則29条に本問と同じ規定があり、**正しい**内容なので、ここで確認しておいてほしい。

最後の**パターン⑬**は、知識の確認用として、過去の公表問題をベースとした確認問題だ。内容としては、**「第２種」の危険作業場所**を選ぶ問題であり、難しくはないであろう。「**海水と汚水**」ということで、**4**と**7**が正解となる。

ちなみに、酸素欠乏危険作業場所は安衛令別表６に規定されているが、海水滞留場所（３の３号）とは、海水利用施設などであり、暗きょや水路に魚介類が繁殖し、この魚介類が死滅・腐敗して硫化水素が発生する危険がある場所だ。

また、汚水滞留場所（9号）は、汚水内での微生物の繁殖により、酸素が消費され、硫化水素の発生につながるとされているのだ。

ということで、慣れてしまえば簡単な出題テーマであろう。ここで紹介した話は押さえておいて、「酸素欠乏危険作業」に関する問題は、ぜひ得点源にしてほしい。

直前に再チェック！

- 「第２種」酸素欠乏危険作業となる２つの場所は…
  ➡①**海水**の滞留するピット内等、②**汚水**を入れた暗きょ等
- 作業環境測定のタイミングは…　➡**作業開始前**！
- 酸素欠乏危険場所での測定の対象は…
  ➡第１種では**酸素濃度**、
  第２種では**酸素濃度**と**硫化水素濃度**！
- 酸素欠乏危険場所で換気する場合の酸素濃度は…　➡ **18%以上**
- 換気する際に、純酸素の使用は…　➡**禁止**！
- 第２種酸素欠乏危険作業場所での硫化水素の濃度は…
  ➡ **10ppm 以下**とする
- 換気ができない場合の空気呼吸器等に「防毒マスク」は…
  ➡**含まれない**！
- 「第１種」酸素欠乏危険作業で選任される「酸素欠乏危険作業主任者」は、「第２種」酸素欠乏危険作業における作業主任者となれる？
  ➡**なれない**。「第２種」酸素欠乏危険作業では「酸素欠乏・**硫化水素**危険作業主任者」が必要となる。

攻略パターン9

有機溶剤等（作業管理）の必要知識を紹介する！

有機溶剤等については、様々な知識が問われる。ここでは有機溶剤等に関する知識のうち、作業管理にまつわる知識をまとめて紹介していきたい。

出題数は多いが、「繰り返し」も多い有機溶剤！

ここでは毎回出題されている**「有機溶剤等」**に関する解説をしていこう。なお、有機溶剤等に基づく健康障害の知識や、ここでも出てくる排気装置自体に関する知識は労働衛生の分野でも出題されるが、ここでは取り扱わない。ここでは有機溶剤中毒予防規則に基づく、**いわゆる作業管理**に関する問題の解き方の話だ。

作業管理とは、濃度測定の時期であったり、装置の自主検査の時期についての内容だよ。

さて、そもそも**有機溶剤は、毒性の強いものから「第１種」～「第３種」**までに分類される（安衛令別表6の2）。そして、有機溶剤そのものと、有機溶剤を含む物質（有機溶剤の含有率が5％を超えるもの）を合わせて「有機溶剤等」と呼ぶ。

そして、関係法令（有害業務）の分野において、**有機溶剤に関する出題数は多い**。選択肢単位でいえば、過去10年間で100問分もある。とっつきにくい内容だが、その**３分の１は繰り返しの出題パターン**で構成されており、**ポイントを絞った学習も可能**なテーマといえるのだ。

まずはポイントを紹介しよう！

有機溶剤については様々な知識が出題されるが、「木を見て森を見ず…」となってはよくない。そこで、まずは**「関係法令（有害業務）」の分野で出題される有機溶剤に関する全般的なポイント**を紹介しよう。

■ Study ⑭ 有機溶剤に関するポイント（関係法令・有害業務）

項　目	ポイント
色分け表示※1	**第１種**…赤　**第２種**…黄　**第３種**…青
濃度測定（作業環境測定）	・屋内作業場等※2では、**６か月以内ごとに１回行う**。 ・**第３種では、行わなくてもよい（適用外）**。 ・記録の保存期間は、**３年間**。
定期自主検査	・**局所排気装置、プッシュプル型換気装置**については、**１年以内**ごとに１回行う。 ・記録の保存期間は、**３年間**。
健康診断	・雇入れ時、配置換えの際、及び**定期に６か月以内ごとに１回行う**。 ・第３種では、タンク内部従事者のみが対象となる。 ・記録の保存期間は、**５年間**。
作業主任者	・有機溶剤作業主任者**技能講習修了者**が行う。 ・換気装置の点検は、**１か月以内**ごとに１回行う。
排気装置の排気口の高さ	空気清浄装置のない局所排気装置・プッシュプル型換気装置では、**屋根から 1.5 m以上**とする。
フードの能力	・**囲い式**　→ **0.4m/s** 以上 ・**外付け式** 　**側方**吸引型　→ **0.5m/s** 以上 　**下方**吸引型　→ **0.5m/s** 以上 　**上方**吸引型　→ **1.0m/s** 以上
マスクについて	・**有機溶剤等を入れたことのあるタンク**で、有機溶剤の**蒸気が発散するおそれ**がある場合は、**送気マスクの着用が必要**。 ・**「局所排気装置」又は「プッシュプル型排気装置」が有効に稼働**している場合、労働者に**送気マスクや防毒マスクを使用させなくてもよい**。 　→**「全体換気装置」では、マスクの使用が必要**。

※1：第1種〜第3種有機溶剤の具体例としては、第１種が二塩化アセチレン、二硫化炭素の２物質、第２種がトルエン、メタノール等、第３種がガソリン、石油エーテル等の７物質である。
※2：「屋内作業場等」とは、屋内作業場、タンク等の内部、船舶や車両の内部、通風が不十分な場所などを意味する。

前ページの **Study ⑭**の内容をいくつか補足していく。まず**「色分け表示」**だが、有機溶剤の入った容器については、労働者が知ることができるように色分け表示をしなければならない。この色が問われるということだ。**第１種〜第３種まで「赤→黄→青」**と表示されるが、**道路にある信号**をイメージすればよいだろう。**赤が最も危険**ということだ。

次に、作業場等における**「濃度の測定」**については、行うべき期間が定められており、**６か月以内ごとに１回**だ。そして、**第３種**の有機溶剤については、この濃度測定を**行わなくてもよい**。

そして、**「定期自主検査」**についてだが、有機溶剤を使う作業場などでは、いわゆる**排気装置**を設置することが多い。**この装置の検査を１年以内**ごとに１回は行うこととされている。そして、この一定の**排気装置の排気口の高さは屋根から 1.5m 以上**と定められている。ここも出題される。

排気口の高さは**「以上」という部分も注意**しよう。屋根から**「2m」の高さに設置した**という問題では、1.5m以上だから正しいんだ！

最後に**「フード」**についてだが、排気装置には、有機溶剤を逃がさないように「フード」が付いているのが通常だ。このフードには様々なタイプがあるが（次ページの図参照）、それぞれの**制御風速**に定めがあって、**「囲い式」は「0.4m/s 以上」、「外付け式」は、基本的に「0.5m/s 以上」**と覚えておきたい。

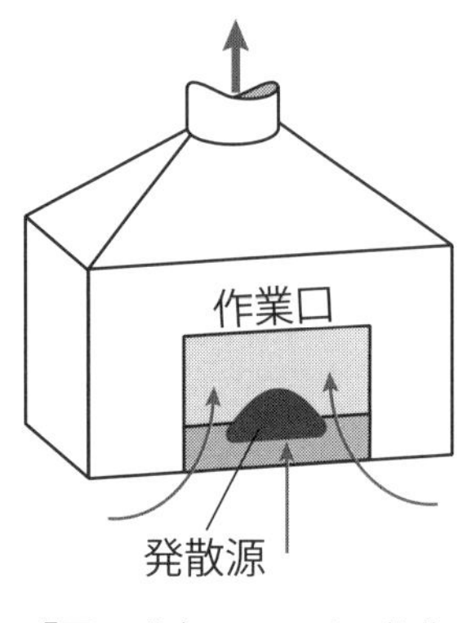

「囲い式」のフード（例）

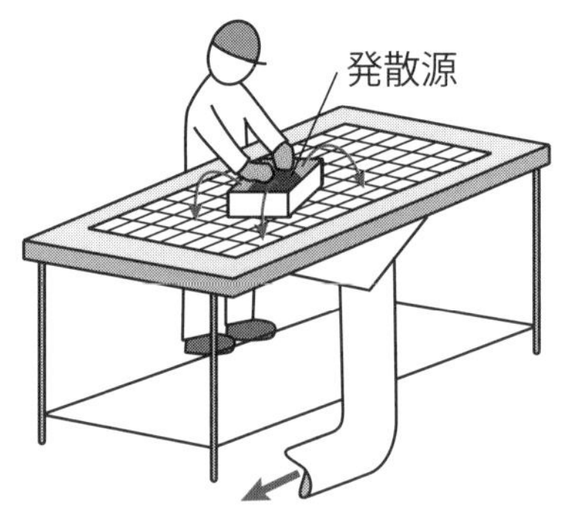

「外付け式」のフード（例）

「出題」パターンを確認していこう！

「有機溶剤等」に関する出題パターンを確認してみよう。掲載する問題数は多いが、それだけたくさん出題されているということである。

●「有機溶剤等」に関する出題パターン（一部改題）

①屋内作業場で、第二種有機溶剤等が付着している物の乾燥の業務に労働者を従事させるとき、その作業場所の空気清浄装置を設けていない局所排気装置の排気口で、厚生労働大臣が定める濃度以上の有機溶剤を排出するものの高さを、屋根から 2m としている。（令 3.7 ～ 12 ほか）

②作業場における空気中の有機溶剤の濃度を、1 年以内ごとに 1 回、定期に、測定する。（令元 .7 ～ 12 ほか）

③第三種有機溶剤等を用いて払しょくの業務を行う屋内作業場について、定期に、当該有機溶剤の濃度を測定していない。（令 3.7 ～ 12 ほか）

④有機溶剤業務を行う屋内作業場について、有機溶剤作業主任者に、6 か月以内ごとに 1 回、定期に、作業環境測定を実施させる。（平 27.1 ～ 6）

⑤第一種有機溶剤等を用いて洗浄作業を行う場所に、局所排気装置を設け有効に稼働させているが、作業者に送気マスクも有機ガス用防毒マスク

も使用させていない。（平 30.1 ～ 6 ほか）

⑥第三種有機溶剤等を用いて吹付けによる塗装作業を行う場所に、全体換気装置を設け有効に稼働させているが、作業者に送気マスクも有機ガス用防毒マスクも使用させていない。（平 30.1 ～ 6 ほか）

⑦屋内作業場で、第二種有機溶剤等が付着している物の乾燥の業務に労働者を従事させるとき、その作業場所に最大 0.4m/s の制御風速を出し得る能力を有する側方吸引型外付け式フードの局所排気装置を設け、かつ、作業に従事する労働者に有機ガス用防毒マスクを使用させている。（令 5.1 ～ 6 ほか）

⑧有機溶剤等を入れたことのあるタンクで有機溶剤の蒸気が発散するおそれのあるものの内部における業務に労働者を従事させるときは、当該労働者に送気マスクを使用させなければならない。（平 26.1 ～ 6 ほか）

⑨作業に常時従事する労働者に対し、1 年以内ごとに 1 回、定期に、有機溶剤等健康診断を行う。（令元 .7 ～ 12 ほか）

⑩作業に常時従事する労働者に対し、6 か月以内ごとに 1 回、定期に、特別の項目について医師による健康診断を行い、その結果に基づき作成した有機溶剤等健康診断個人票を 5 年間保存する。（令 2.7 ～ 12 ほか）

⑪作業中の労働者が第二種有機溶剤等の区分を容易に知ることができるよう容器に青色の表示をする。（令元 .1 ～ 6 ほか）

⑫作業場所に設けたプッシュプル型換気装置について、原則として、1 年以内ごとに 1 回、定期に、自主検査を行い、その検査の結果等の記録を 3 年間保存する。（令 2.7 ～ 12 ほか）

⑬作業場所に設けたプッシュプル型換気装置について、1 年を超える期間使用しない場合を除き、1 年以内ごとに 1 回、定期に、自主検査を行う。（令元 .7 ～ 12 ほか）

⑭第一種衛生管理者免許を有する者のうちから有機溶剤作業主任者を選任する。（令元 .1 ～ 6 ほか）

⑮作業場所に設けた局所排気装置について、外付け式フードの場合は 0.4 m/s の制御風速を出し得る能力を有するものにする。（令 2.7 ～ 12 ほか）

パターン①は、局所排気装置の**「排気口の高さ」**について問われている。これは**「1.5 m以上」が必要**だが、問題文の「2 m」に飛びついて誤り！…と判断しないように。**「2m」は「1.5 m以上」であり正しい**のだ。

「排気口の高さ」は、過去10年間で7回出題されたけれど、問題文のすべてが「1.5m 以上」か「2m」となっていて正しい内容だったよ！

パターン②～④は、濃度測定（作業環境測定）についてだ。**出題パターンは、この②～④の内容に集中**している。まず**パターン②の測定期間**については、**測定は６か月**以内ごとに１回なので、問題文の「１年以内」は**誤っている**。

そして、**パターン③**だが**「第３種」**の有機溶剤については、**定期の濃度測定の対象外**であり、測定していなくとも**違反ではない**。**正しい**。

パターン②と③を合計すると、過去10年間で9回も出題されているパターンの選択肢なんだ！

そして、**パターン④**だが、これは**ヒッカケ問題**だ。ここまでの本書の解説だけだと、「6か月以内に１回」なので正しいと判断してしまうだろう。

しかし、**「有機溶剤作業主任者」の職務**は、労働者の指揮、設備等の点検等と規定されており、**作業環境測定が入っていない。測定業務は「作業環境測定士」の範疇**であり、この点で**誤っている**。この点は触れていなかったので、ここで押さえてほしい。

パターン⑤～⑧は「マスクの使用」に関する問題だ。まず、**パターン⑤は局所排気装置が有効に稼働**している第１種有機溶剤の作業場所の話だが、**送気マスクや防毒マスクの使用は不要だ**。**正しい（違反していない）**。

パターン⑥は「第３種の吹付け塗装作業」において**全体換気装置**を稼働させている場合だが、この場合にマスクは**必要**となり、**誤っている**。

実はこの辺の話は、色々と細かい規定があるけれど、出題パターンから正解するために必要な知識を絞っているよ。

パターン⑦は、マスクについても問われているが、局所排気装置の問題でもある。**「側方吸引型外付け式フード」では 0.5m/s の制御風速性能**が必要であり、**誤っている**のだ。

なお、先に**パターン⑮の「外付け式フードの性能」**についても同様であり、**誤っている**。このパターンは過去 10 年間で 6 回出題されている。

パターン⑧については、66 ページの Study ⓮から**正しい**と判断できよう。

パターン⑨と⑩は有機溶剤等健康診断の話だ。**パターン⑨の定期健康診断は「6 か月」が正しく、「1 年以内」が誤っている。パターン⑩の内容は正しい**。

パターン⑨は、過去 10 年間で 8 回も出題されている問題だよ！

パターン⑪は「色分け」の話であり、**危険なものから「赤→黄→青」**なので、「第２種」を「青」としている点で**誤っている**。

パターン⑫と⑬は定期自主検査の話であり、66 ページの Study ⓮から、ともに**正しい**。

最後に**パターン⑭**だが、**第 1 種衛生管理者が有機溶剤作業主任者になれるか**という問題だ。有機溶剤作業主任者は「**技能講習修了者**」の資格が必要となるので、**誤っている**。

以上である。駆け足での解説だったが、まずは66ページのStudy ⓮の内容を押さえ、その他、参考書等で追加すべき知識を見つけた場合、補充していってほしい。

直前に再チェック！

・有機溶剤の色分け表示は、第1種から第3種までの順番で…
　➡**赤→黄→青**！（危険な順序で道路信号と同じ）

・屋内作業場等において、濃度測定を行う頻度は…
　➡**6か月**以内ごとに1回！

・第3種有機溶剤で濃度測定は…　➡**不要**！

・有機溶剤に関する「定期」健康診断を行う頻度は…
　➡**6か月**以内ごとに1回！

・空気清浄装置のない局所排気装置・プッシュプル型換気装置における排気口の高さは…　➡屋根から**1.5m**以上！
　➡「屋根から2m」という選択肢は**正しい**！

・排気装置のフードの制御風速の能力は、
　囲い式で…　➡**0.4m/s**以上！
　外付け式で…　➡原則、**0.5m/s**以上！
　（上方吸引型は**1.0m/s**以上）

・有機溶剤の蒸気が発散するおそれがあるタンク内での作業には…
　➡**送気マスク**の着用が必要！

・局所排気装置又はプッシュプル型排気装置が有効に稼働している場合、送気マスクや防毒マスクの使用は…　➡**不要**！
　➡「**全体換気装置**」では必要となる点に注意！

攻略パターン10

ビス（クロロメチル）が重要！健康管理手帳

一定の業務についた者には、離職の際に健康管理手帳が交付される。この健康管理手帳の交付要件についてもよく出題されるが、特定のポイントを押さえれば対応可能性大だ！

交付の対象となる「業務」が正誤を分ける！

健康管理手帳の交付制度とは、特定化学物質の製造等禁止物質や第１類、第２類物質を中心に、がんその他重度の健康障害を生ずるおそれのある業務に従事したことがあり、**一定の要件に該当する者が離職の際又は離職の後**に、都道府県労働局長に申請して、**この手帳の交付を受けることで、必要な健康診断を国費で受診**できるものである（安衛法第 67 条）。

ここでは、この**健康管理手帳の交付を受けることのできる「業務」**と交付要件となる業務経験の年数等が出題されるが、実は業務年数はあまり重要ではない。その点で正誤を分ける問題が出ていないからだ。

ただし、念のため「業務年数」についても把握する形で、解説は進めるよ。

ということで、この手帳の交付を受けることができる**「指定物質 15 種類」に関する業務の一覧**が次ページのものである。

そして、先にコメントしてしまうが、この中でも特に重要な業務が**「ビス（クロロメチル）エーテル」を取り扱う業務に３年以上従事**した者、という要件であり、このテーマのタイトルにもした次第だ。

■ Study ⑮ 健康管理手帳の交付が受けられる業務等

業務で扱う主な物質	交付要件（従事年数等）
①**ベンジジン**	3か月以上
②**ベータ - ナフチルアミン**	3か月以上
③**ジアニシジン**	3か月以上
④ **1,2- ジクロロプロパン**	2年以上
⑤**ビス**（クロロメチル）エーテル	3年以上
⑥**ベンゾトリクロリド**	3年以上
⑦**クロム酸・重クロム酸**	4年以上
⑧**塩化ビニル**	4年以上
⑨**三酸化砒素**	5年以上
⑩**コークス**又は**製鉄用発生炉ガス**	5年以上
⑪**粉じん**	じん肺管理区分が、管理**2**又は管理**3**であること　→管理1は該当**しない**。
⑫**ベリリウム**	両肺野に結節性陰影があること
⑬**石綿**	・**両肺野に陰影又は胸膜肥厚**がある **もしくは** ・**1年以上、かつ、ばく露から10年以上**
⑭**オルト - トルイジン**	5年以上
⑮ **3·3'- ジクロロ -4·4'- ジアミノジフェニルメタン**	2年以上

覚えられるにこしたことはないが、上表の右側の「交付要件」のうち、その業務に従事した「年数」は気にしないでもよい。この部分で正誤を分ける問題は出ていないからだ。

ただし、**⑪の「粉じん」**に関する業務について、**じん肺管理区分が、管理2又は管理3**であること、別の言い方をすれば**管理1は該当しない**、という点はよく出るので押さえておくこと。

いやぁ、こんな物質を覚えるのは、とてもじゃないが無理だよ…という人も多いだろう。そこで、ゴロ合わせの出番である。

ゴロ合わせ

◆健康管理手帳の交付が受けられる業務等

①ビスの運搬、
　陸路が便利も苦労する！
（ビス〔クロロメチル〕エーテル、
　ベンゾトリクロリド、
　ベリリウム、クロム酸）

②コークを飲んで、
　獅子奮迅！
（コークス、粉じん）

③そんな医師は、
　おると〜？
（石綿、オルト - トルイジン）

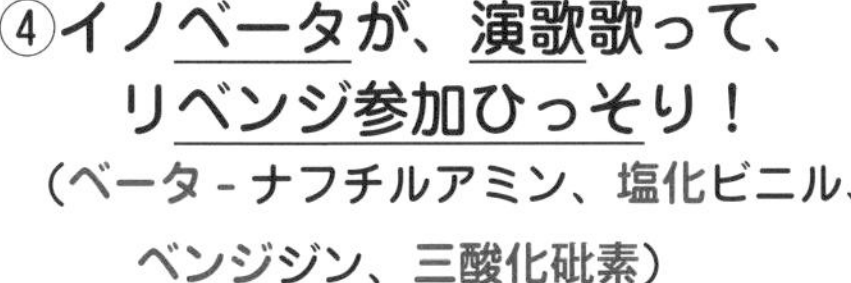

④イノベータが、演歌歌って、
　リベンジ参加ひっそり！
（ベータ - ナフチルアミン、塩化ビニル、
　ベンジジン、三酸化砒素）

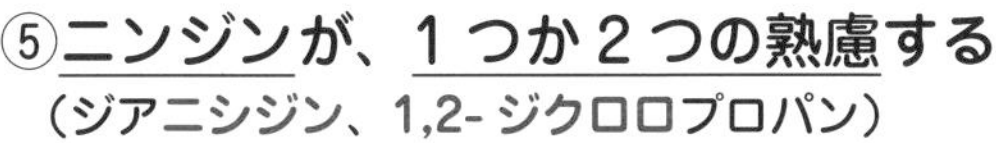

⑤ニンジンが、1つか2つの熟慮する
（ジアニシジン、1,2- ジクロロプロパン）

⑥散々、熟慮して、よし！
（3･3'- ジクロロ -4･4'- ジアミノジフェニルメタン）

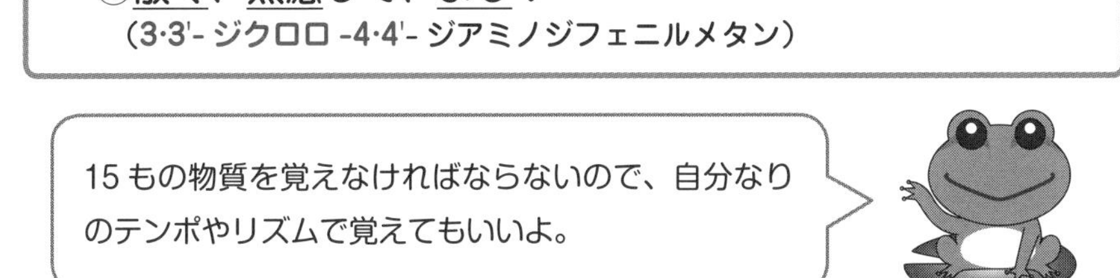

15もの物質を覚えなければならないので、自分なりのテンポやリズムで覚えてもいいよ。

そして、これらの業務に従事した**年数等の交付要件**についても、注意したいものについてゴロ合わせを紹介しておく。ただし、「年数」については、余力があればという参考程度でよい。

ゴロ合わせ

◆健康管理手帳の交付要件（注意したいもの）

①今日蒔く種は、綿。
1年経ったが、
10年以上かかるかも。
（胸膜肥厚がある。石綿経験1年以上、かつ、ばく露してから10年以上経過）

②粉じん管理は、兄さんのおかげ。
（粉じんは、管理区分2、3）

「出題」パターンを確認していこう！

では、「健康管理手帳」に関する出題パターンを確認してみよう。冒頭の設問文は共通のものとして、このような設問文のうえで、各選択肢で様々な業務等が出題されるパターンである。もちろん、実際の問題では選択肢は5つだが、ここでは知識の確認のため、まとめて掲載する。

●「健康管理手帳」の出題パターン

※出題年は省略する

次の有害業務に従事した者のうち、離職の際に又は離職の後に、法令に基づく健康管理手帳の交付対象となるものはどれか。

①ビス（クロロメチル）エーテルを取り扱う業務に3年以上従事した者
②シアン化ナトリウムを取り扱う業務に10年従事した者
③硝酸を取り扱う業務に5年以上従事した者
④ベンゼンを取り扱う業務に5年以上従事した者
⑤メタノールを取り扱う業務に10年以上従事した者
⑥水銀を取り扱う業務に3年以上従事した者

⑦塩化ビニルを重合する業務に4年以上従事した者
⑧ベータ-ナフチルアミンを取り扱う業務に3月以上従事した者
⑨シアン化水素を取り扱う業務に7年以上従事した者
⑩特定粉じん作業に10年以上従事し、かつ、じん肺管理区分が管理一である者
⑪粉じん作業に従事した者で、じん肺管理区分が管理二又は管理三のもの
⑫ジアニシジンを取り扱う業務に3月以上従事した者
⑬石綿等が吹き付けられた建築物の解体の作業に1年以上従事した者で、初めて石綿等の粉じんにばく露した日から10年以上経過しているもの
⑭鉛化合物を製造する業務に7年以上従事した者

さて、それぞれ判断できただろうか。先に結論として健康管理手帳の交付対象になるものと、ならないものをまとめると以下のようになる。

- **交付対象になるもの**　→①、⑦、⑧、⑪、⑫、⑬。
- **交付対象にならないもの**　→②、③、④、⑤、⑥、⑨、⑩、⑭。

75ページからのゴロ合わせも駆使することで判断できると思うので、詳しい解説は省略するが、補足的にいくつかコメントしておこう。

まず**パターン①**は、この項目のタイトルにもした**「ビス（クロロメチル）エーテル」**である。これは**交付対象となる**。この物質については、近年でも繰り返し「正解肢」として出題されている重要な物質なのだ。

パターン⑩の「（特定）粉じん作業」についてだが、これについては、**じん肺管理区分が管理2**又は**管理3**であることが必要であり、**管理1の場合には該当しない**。これもよく出題されるヒッカケポイントなので、注意しておこう。

一方、**パターン⑪**については**「じん肺管理区分が管理二又は管理三のもの」**なので、**該当する**というわけだ。

「従事した年数」の部分で、誤りの選択肢としているものはないよね。余裕がある人は確認してみよう。

パターン⑬は「石綿」に関連する業務だが「作業に**1年以上従事**した者で、初めて石綿等の粉じんに**ばく露した日から10年以上経過**」しているので、**該当する**。

ちなみに、「ベリリウム」については、公表されている問題を見る限り、出題がない。ただし念のため、ここで紹介したゴロ合わせは覚えておいて損はないだろう。

直前に再チェック！

- 健康管理手帳の交付が受けられる15の業務は…
  ➡**①ベンジジン、②ベータ-ナフチルアミン、③ジアニシジン、④1,2-ジクロロプロパン、⑤ビス（クロロメチル）エーテル、⑥ベンゾトリクロリド、⑦クロム酸・重クロム酸、⑧塩化ビニル、⑨三酸化砒素、⑩コークス又は製鉄用発生炉ガス、⑪粉じん、⑫ベリリウム、⑬石綿、⑭オルト-トルイジン、⑮3·3'-ジクロロ-4·4'-ジアミノジフェニルメタン**、に関する業務
- 「粉じん」に関する業務において、交付要件として必要なじん肺管理区分は…
  ➡管理**2**又は管理**3**のもの
- 「石綿」に関する業務において、交付要件として必要な従事年数は…
  ➡**1**年以上、かつ、ばく露から**10**年以上

攻略パターン 11

3つのテーマに分けて、労基法の就業制限を攻略！

労基法等では、労働者の安全を守るために様々な就業制限が定められている。ここはよく出る就業制限について、3つのテーマに分けて、攻略していこう。

テーマを3つに分けて攻略する！

「有害業務に係るもの」に関する**労働基準法の問題**は、毎回のように関係法令の最後の問題（問10）で1問分が出題されている。そして、過去問を分析していくと、その**出題内容の範囲は狭い**。

具体的に、過去10年間で出題された86問分の内容をテーマ別に分けると、以下のようなものだった。

■労働基準法に関する出題内容

1. **時間外労働1日2時間の制限業務**について　…… 28問
2. **全ての女性の就業禁止**について　…………………… 20問
3. **満18歳未満の就業制限**について　………………… 29問
4. 有害業務への就業制限について　……………………　9問

ここでは、**特に出題されている上記1～3の出題パターン**について、それぞれ解説していこうと思う。

ちなみに、ここは「有害業務」の話だから、一般的な労働態様に関する話は「有害業務以外」の分野で取り扱うよ。

「2時間制限」は5つの項目を押さえる！

では、前ページ**1.の「時間外労働1日2時間の制限業務」**に関する攻略パターンを紹介していこう。

時間外労働が1日2時間に制限される業務（労基法36条6項1号）は、労基則18条に10号分が規定されている。その中での**ポイントが下表において色付けしている4項目**だ。

そして、これ以外にもう1つ**「高熱物体（暑熱場所）」**に関する業務を押さえれば、このテーマに関する問題は攻略できる。

■ Study ⑯ 時間外労働1日2時間の制限業務等

業務等	該　当	出題回数
①多量の**低温**物体、**寒冷**な場所の業務	○	3
②**異常気圧下**における業務	○	1
③ボイラー製造等強烈な**騒音**場所の業務	○	3
④**鉛**・水銀等の**粉じん**・ガス発散場所の業務	○	2
⑤病原体に汚染された物を取り扱う業務	×	7
⑥給湿を行う紡績又は織布の業務	×	4
⑦腰部に負担のかかる立ち作業の業務	×	2
⑧情報機器作業における拘束型の業務	×	5
⑨大部分の労働時間が立ち作業である業務	×	4

なお、**上表の⑤～⑨は制限に「該当しない業務」**であり、労基則18条に含まれないものだ。要するに、**「時間外労働が1日2時間に制限される業務はどれか？」**という問題で出てきたときは、**誤っている**こととなる。

上表①～④の業務に加えて、労基則18条に規定されている**「高熱物体（暑熱場所）」**を取り扱う業務も**制限される**と押さえることで、このテーマに関する問題は攻略できる。覚えるのはこの5つの業務に絞りたい。

ということで、この5つの業務に関するゴロ合わせを次ページに紹介しているので、これも用いて記憶しておこう。

◆時間外労働1日2時間に制限される主な業務

①低温な寒冷地、2時間超えはダメだ！
（低温で寒冷な場所、2時間超えはダメ）

②異常な気圧、鉛のごとくジンジン
と騒音は響き、高熱が出る！
（異常気圧下、鉛・水銀等の粉じん、騒音、高熱物体・暑熱場所）

「出題」パターンを確認していこう！

ということで、「時間外労働1日2時間の制限業務」に関する出題パターンを確認してみよう。冒頭の設問文は共通のものとする。

●「時間外労働1日2時間の制限業務」の出題パターン

労働基準法に基づく時間外労働に関する協定を締結し、これを所轄労働基準監督署長に届け出る場合においても、労働時間の延長が1日2時間を超えてはならない業務は次のうちどれか。

①多量の低温物体を取り扱う業務（令2.7～12ほか）
②著しく寒冷な場所における業務（平28.1～6）
③鉛の粉じんを発散する場所における業務（令2.7～12）
④病原体によって汚染された物を取り扱う業務（令2.7～12ほか）
⑤給湿を行う紡績又は織布の業務（平28.1～6ほか）
⑥ボイラー製造等強烈な騒音を発する場所における業務（平26.1～6ほか）
⑦多量の高熱物体を取り扱う業務（平29.1～6ほか）

⑧多湿な場所における業務（令元.1～6）
⑨鋼材やくず鉄を入れてある船倉の内部における業務（令元.1～6）
⑩腰部に負担のかかる立ち作業の業務（令2.7～12ほか）

前ページのゴロ合わせを覚えていれば、どの問題も対応できる。まず**パターン①と②**は、**「低温な寒冷地、2時間超えはダメだ！（低温で寒冷な場所、2時間超えはダメ）」**から、1日2時間を超えてはならない業務（以下「制限業務」とする）に**当たる**。

パターン③は**「異常な気圧、鉛のごとくジンジンと騒音は響き、高熱が出る！（異常気圧下、鉛・水銀等の粉じん、騒音、高熱物体・暑熱場所）」**から、制限業務に**当たる**。

そして、**パターン④の「病原体」**だが、これは制限業務に**当たらない**。また、**パターン⑤の給湿を行う「紡績又は織布」**の業務も、制限業務に**当たらない**。

この「病原体」の選択肢は、過去10年間で7回、「紡績又は織布」は4回も出題されている選択肢だよ！

パターン⑥の「騒音」は、上のゴロ合わせから制限業務に**当たり**、**パターン⑦の「高熱物体」**も制限業務に**当たる**。ちなみに、高熱物体を取り扱う業務は、過去10年間で5回も出題されている。

そして、**パターン⑧～⑩**は、上のゴロ合わせから考えて、どれも制限業務に**当たらない**ことがわかるだろう。このように処理していくことで、**「時間外労働1日2時間の制限業務」に関する問題は完全に攻略できる**のだ。

「20kg以上」と「有害物質」の業務は全女性禁止！

次に、**「全ての女性」の就業が禁止**される業務の話に移ろう。労働基準法では、就業制限に係る女性を「妊産婦（妊娠中の者及び産後1年を経過しない者〔産婦〕）」と「一般女性（妊産婦以外の満18歳以上の者）」に分けたうえで、次の就業制限を定めている（労基法64条の2、同条の3）。

（1）坑内業務（労基法64条の2、女性則1条）
→妊娠中の者は、**全ての**業務。
→産後1年を経過しない者は、従事しない旨を**申し出た**場合。
→一般女性は、人力や動力による鉱物等の堀削等について禁止。
（2）**重量物**取扱い（**20kg以上**の**継続**作業）業務（労基法64条の3、女性則2条1項1号、3条）→**全ての女性**が禁止。
（3）**有害ガス等**を取扱う場所の業務（労基法64条の3、女性則2条1項18号、3条）。→**全ての女性**が禁止。

全ての女性が就業を禁止される業務は**（2）**と**（3）**だ。そして、上記の内容を含めて、女性の就業制限業務をまとめると次ページのようになる。なお、「産婦」とは、産後1年を経過しない者のことだ。

全ての女性の就業が禁止される「重量物（20kg以上の継続作業）」と「有害ガス等」は当然押さえるとして、注意しておきたいのが**「振動を与える業務」**だ。

次ページ表中の**19号～23号の業務は、産婦**が業務に従事しない旨を使用者に申し出た場合、就業させてはならないものの（女性則2条2項）、**申出がなければ就業させることは可能**だ。しかし、24号の**「振動を与える業務」**は、**「産婦」について、申出の有無にかかわらず禁止業務**とされている。

なお、「振動を与える業務」は**「一般女性」であれば就業可能**なので、**「全ての女性の就業禁止に該当するもの」ではない**。

■ Study ⑰ 女性の主な就業制限業務

（×：禁止、△：申出有の場合禁止、○：就業可）

	女性則２条１項の就業制限内容	妊産婦	産　婦	一般女性
1号	**重量物を取り扱う業務（20kg以上**※）	×	×	×
18号	**有害物質発散屋内作業場等**（作業環境測定第三管理区分、タンク等で呼吸用保護具着用の義務、塩化ビフェニル、鉛等の物質）	×	×	×
19号	**多量の高熱物体**を取り扱う業務	×	△	○
20号	**著しく暑熱**な場所における業務	×	△	○
21号	**多量の低温物体**を取り扱う業務	×	△	○
22号	**著しく寒冷**な場所における業務	×	△	○
23号	**異常気圧下**における業務	×	△	○
24号	さく岩機等著しい**振動**を与える業務	×	**×**	○

※継続した作業に限る。

「出題」パターンを確認していこう！

では、「全ての女性の就業禁止」に関する出題パターンを確認してみよう。概ね以下のような形式で出題される。

●「女性の就業禁止・制限」の出題パターン

労働基準法に基づき、全ての女性労働者について、就業が禁止されている業務は次のうちどれか。（令2.1～6ほか）

（1）異常気圧下における業務
（2）多量の高熱物体を取り扱う業務
（3）20kgの重量物を継続作業として取り扱う業務
（4）さく岩機、鋲（びょう）打機等身体に著しい振動を与える機械器具を用いて行う業務
（5）病原体によって著しく汚染のおそれのある業務

83ページの解説を確認した直後なので、簡単だと思う。**正解は（3）**だ。

このような形で出題され、あとは各選択肢の内容が入れ替わるだけだ。この他に出る選択肢としては**「強烈な騒音を発する場所における業務」**を想定しておけばよい。この業務は、**全ての女性の就業が禁止されていない**。

「年少者の就業制限」業務は５つを押さえよ！

最後に**「満18歳未満の就業制限」**がされる業務の話に移ろう。18歳未満の就業制限について、特に押さえておきたいのは５つの業務だ。

■ Study ⑱ 満18歳未満の主な就業制限業務等

業務等	該　当	出題回数
①多量の高熱物体を取り扱う業務	○	7
②著しく寒冷な場所における業務	○	6
③異常気圧下における業務	○	2
④さく岩機等著しい振動を与える業務	○	3
⑤強烈な騒音を発する場所における業務	○	5
10kgの重量物を断続的に取り扱う業務	×	1
超音波にさらされる業務	×	3

◆満18歳未満の主な就業制限業務

年少者、異常な寒さで、熱が出る。
（年少者の就業制限、異常気圧下、寒冷な場所、高熱物体）

身体を震わせ騒々しい。
（振動、騒音、に関する業務）

●「年少者の就業制限」の出題パターン

※出題年は省略する

労働基準法に基づく有害業務への就業制限に関する次の記述のうち、誤っているものはどれか。

①多量の高熱物体を取り扱う業務に就かせてはならない。

② 10kg の重量物を断続的に取り扱う業務に就かせてはならない。

③赤外線又は紫外線にさらされる業務に就かせてはならない。

④強烈な騒音を発する場所における業務に就かせてはならない。

⑤さく岩機、鋲(びょう)打機等身体に著しい振動を与える機械器具を用いて行う業務に就かせてはならない。

年少者の就業制限については、前ページのゴロ合わせを使えば解決できる。結論として、誤っているものは、②と③である。難しい問題ではなかろう。

直前に再チェック！

- 時間外労働が１日２時間に制限される５つの業務は…

➡①多量の**低温**物体、**寒冷**な場所の業務、②**異常気圧下**における業務、③ボイラー製造等**強烈な騒音**場所の業務、④**鉛**・水銀等の**粉じん**・ガス発散場所の業務、⑤多量の**高熱**物体を取り扱う業務

- 全ての女性の就業が禁止される２つの業務は…

➡①**重量物（20kg 以上）**を**継続**して取り扱う業務
②**有害物質**を発散する屋内作業場等

- 満 18 歳未満の就業が禁止される主な５つの業務は…

➡①多量の**高熱**物体を取り扱う業務、②著しく**寒冷**な場所における業務、③**異常気圧下**における業務、④さく岩機等著しい**振動**を与える業務、⑤強烈な**騒音**を発する場所における業務

Part. 2
労働衛生（有害業務に係るもの）のパターン攻略

攻略パターン12

コンパクトな知識で対応！リスクの見積もり方法！

「化学物質等による危険性又は有害性等の調査等に関する指針」で規定される「リスクの見積もり方法」は、コンパクトな知識で対応できる。ここで紹介する知識は押さえておこう。

色々と出てくるけれど、結局は5つの知識で！

ここからは**「労働衛生（有害業務に係るもの）」**の分野の話に入る。まずは、この分野の冒頭で出題されることが多い、厚生労働省の**「化学物質等による危険性又は有害性等の調査等に関する指針」**についての話だ。

この指針に関する出題パターンでは、指針で示されている**化学物質等による疾病に係るリスクを見積もる方法**が問われる。知っていないと太刀打ちできない内容であり、また、この分野の冒頭（問11）での出題が多いため、いきなり最初から全くわからずにダメージを受けるのはよくない。そこで、これだけは押さえて試験に臨め！…というポイントを紹介しておく。

早速内容に入るが、この指針で規定されている「リスクの見積り方法」について、押さえておきたいのは次のStudy ⑲の内容だ。なお、90ページからの出題パターンを見ればわかるが、この指針については、リスクの見積もり方法に**リスク低減措置の優先度**も出題されるので、**Study ⑲の内容を押さえておけば、正解できる問題**ばかりなのだ。

出題パターン②に出てくる**「リスクアセスメント」**というのは、労働者の化学物質等による危険性又は有害性等を調査し、対策を実行する一連の流れのことだよ。覚えておこう。

■ Study ⑲ 化学物質等によるリスクを見積もる主な方法

(1) 疾病の①発生可能性と②重篤度を考慮する方法

ア　①及び②を**縦軸**と**横軸**で相対的に尺度化し、リスクの措置優先度等が割り付けられた**表を使用**する方法

イ　①及び②をそれぞれ**数値化**し、それらを**加算又は乗算**等で措置優先度等を判断する方法

ウ　①及び②を**段階的に分岐**（重症か軽症か、日常的かまれか等をチャート図に）していく方法

エ　**ILO** の化学物質**リスク簡易評価法**（コントロール・バンディング）等を用いてリスクを見積もる方法

(2) 化学物質にさらされる疾病には、①ばく露の程度及び②当該化学物質等の有害性の程度を考慮する方法（上記（1）の方法にかかわらず、下記オが推奨されている）

オ　労働者の**ばく露濃度**等を測定し、測定結果を当該化学物質の**ばく露限界**（日本産業衛生学会の「許容濃度」等）と**比較**する方法

カ　ばく露の程度及び有害性を縦軸と横軸で相対的に尺度化し、リスクが割り付けられた表を使用する方法

〔リスク低減措置の実施優先度〕

①物質の**代替物使用**、化学反応プロセス等**運転条件の変更**等

②**発散源**の設備を**密閉**する

③**局所排気**装置又は**全体換気**装置の設置等

④管理対策（**マニュアル**整備、**作業方法改善**等）

⑤有効な**呼吸用保護具**の使用

このテーマの出題パターンには、**見積もり方法と実施優先度をセットで押さえておく**ことが大事だ。

「出題」パターンを確認していこう！

●「化学物質等による疾病に係るリスクを見積もる方法」の出題パターン

①厚生労働省の「化学物質等による危険性又は有害性等の調査等に関する指針」において示されている化学物質等による健康障害に係るリスクを見積もる方法として、適切でないものは次のうちどれか。（令4.1～6ほか）

（1）発生可能性及び重篤度を相対的に尺度化し、それらを縦軸と横軸として、あらかじめ発生可能性及び重篤度に応じてリスクが割り付けられた表を使用する方法

（2）取り扱う化学物質等の年間の取扱量及び作業時間を一定の尺度によりそれぞれ数値化し、それらを加算又は乗算等する方法

（3）発生可能性及び重篤度を段階的に分岐していく方法

（4）ILOの化学物質リスク簡易評価法（コントロール・バンディング）を用いる方法

（5）対象の化学物質等への労働者のばく露の程度及び当該化学物質等による有害性を相対的に尺度化し、それらを縦軸と横軸とし、あらかじめばく露の程度及び有害性の程度に応じてリスクが割り付けられた表を使用する方法

②厚生労働省の「化学物質等による危険性又は有害性等の調査等に関する指針」に基づくリスクアセスメントに関する次の記述のうち、誤っているものはどれか。（令2.7～12）

（1）リスクアセスメントは、化学物質等を原材料等として新規に採用し、又は変更するとき、化学物質等を製造し、又は取り扱う業務に係る作業の方法又は手順を新規に採用し、又は変更するときなどに実施する。

（2）化学物質等による危険性又は有害性の特定は、リスクアセスメント等の対象となる業務を洗い出した上で、原則として国連勧告の「化学品の分類及び表示に関する世界調和システム（GHS）」などで示されている危険性又は有害性の分類等に即して行う。

（3）リスクの見積りは、化学物質等が当該業務に従事する労働者に危険を及ぼし、又は化学物質等により当該労働者の健康障害を生ずるおそれの程度（発生可能性）及び当該危険又は健康障害の程度（重篤度）を考慮して行う。

（4）化学物質等による疾病のリスクについては、化学物質等への労働者のばく露濃度等を測定し、測定結果を厚生労働省の「作業環境評価基準」に示されている「管理濃度」と比較することにより見積もる方法が確実性が高い。

（5）リスクアセスメントの実施に当たっては、化学物質等に係る安全データシート、作業標準、作業手順書、作業環境測定結果等の資料を入手し、その情報を活用する。

③化学物質等による疾病のリスクの低減措置を検討する場合、次のアからエの対策について、優先度の高い順に並べたものは（1）～（5）のうちどれか。（令 3.7 ～ 12）

ア　化学反応のプロセス等の運転条件の変更

イ　作業手順の改善

ウ　化学物質等に係る機械設備等の密閉化

エ　化学物質等の有害性に応じた有効な保護具の使用

（1）ア－ウ－イ－エ　　（2）ア－エ－ウ－イ

（3）イ－ア－ウ－エ　　（4）ウ－ア－イ－エ

（5）ウ－ア－エ－イ

まず**パターン①**だが、結論として、**適切でないものは（2）**だ。考慮する対象として「取り扱う化学物質等の**年間の取扱量**及び**作業時間**を…」としているが、89ページの **Study ⑲**からは、「**発生可能性と重篤度**」が正しい内容だ。その他の選択肢も **Study ⑲**で確認しておいてほしい。

次に、**パターン②**だが、**選択肢（1）～（3）、（5）はリスクアセスメントの正しい内容**だ。

しかし、**選択肢（4）**に出てくる**見積もり方法**について、「測定結果を厚生労働省の作業環境評価基準の管理濃度と比較する」とあるが、**Study ⓳**には、そのような内容は**なく**、**化学物質の疾病リスクでは「ばく露濃度とばく露限界を比較する方法（Study ⓳の（2）オ）」が正しい内容**である。

なお、この「リスクの見積もり方法」で解ける問題は、令和２年１月～６月実施分、平成 30 年７月～ 12 月実施分でも出題されている。

最後の**パターン③**は、**Study ⓳のリスク低減措置の実施優先度**を覚えていれば問題はない。正解は**（1）**だ。過去に出題された内容が復活した形だが、今後も出題の可能性がある。「最初は**条件密閉**、最後は**改善**に**保護具**」と、覚えておこう。これだけで、令和４年７～ 12 月実施分問 11、同５年１～６月実施分問 13 の「優先度の最も高いもの」は簡単に解けるだろう。

直前に再チェック！

- 厚生労働省の指針において示される化学物質等による疾病に係るリスクを見積もる方法について、押さえておきたい考慮する対象は…

➡**①発生可能性と重篤度！**

②ばく露の濃度と当該化学物質等のばく露限界！

- 「発生可能性と重篤度」を考慮する場合の４つの見積もり方法は…

➡ア　縦軸・横軸の表を使う。

イ　数値化して、加算又は乗算する。

ウ　段階的に分岐させる。

エ　ILO の評価法を使う。

攻略パターン 13

蒸気かガスか？ゴロ合わせで簡単攻略！

労働衛生（有害業務に係るもの）では、特定の化学物質の形状がどのようなものであるか（蒸気かガスか等）が問われる。これはゴロ合わせを使って攻略できる！

常温の空気中において、ガスか蒸気か？

ここでは、ここまででも登場してきた特定化学物質や有機溶剤について、それらの物質等が**「常温・常圧（25℃、1 気圧）の空気中における状態」において、蒸気なのか、又はガスなのか**という出題パターンの話をする。

この出題パターンとしては、①「蒸気」で存在する物質を選ぶ問題と、②物質と形状の組合せが誤りであるものを選ぶ問題との 2 種類となる。

ちなみに問題文において、「蒸気とは、常温・常圧で液体又は固体の物質が蒸気圧に応じて揮発又は昇華して気体となっているもの、また、ガスとは、常温・常圧で気体のもの」などと断りが入っていることがあるが、これらを覚える必要はない。ここは問われる物質が蒸気なのかガスなのかだけを覚えればよい。

その他の形状として「粉じん」や「固体」のものもあるけれど、これらについて正誤を問われる問題は出ていないので、蒸気とガスの 2 点を押さえよう！

まずは、過去 10 年で出題された物質について、押さえたいものを形状ごとに整理したうえで、「蒸気」で存在する物質を指摘する問題か、組合せ問題かの出題実績をまとめたのが次ページの **Study ⑳**である。

■ Study ⑳ 各物質と形状・出題実績

形　状	物質名	蒸気単独での出題回数	組合せの出題回数	合　計
蒸　気	トリクロロエチレン	2	—	2
	アセトン	4	6	10
	硫酸ジメチル	1	4	5
	二硫化炭素	2	3	5
	水銀	—	2	2
	フェノール	—	2	2
	アクリロニトリル	2	3	5
	ニッケルカルボニル	—	2	2
ガ　ス	塩素	3	4	7
	ホルムアルデヒド	3	6	9
	塩化ビニル	6	2	8
	アンモニア	9	2	11
粉じん	ジクロルベンジジン	8	1	9

上記が「常温・常圧（25℃、1 気圧）の空気中」において、各物質がどのような形状となっているかの表である。特にこの表で赤色となっている**物質名とその形状が覚えられればよい**。

ちなみに、上記以外で「誤りの選択肢」としてよく出るのが**「二酸化硫黄は蒸気」**という問題だ。**正しくはガス**である。これも覚えておきたい。

ということで、これらを覚えるのは骨が折れるので、ここでゴロ合わせを紹介したい。出題頻度が多いものを紹介しておく。

◆蒸気の状態の物質

銀ちゃんが、地道に2流のタンカきる
（水銀、硫酸ジメチル、二硫化炭素）

汗を飛ばして取り越し苦労、フェイスは上機嫌！
（アセトン、トリクロロエチレン、フェノール、蒸気）

ゴロ合わせ

◆ガスの状態の物質

さがすよ、異様な兄さん
（ガス、二酸化硫黄）

遠足はアルで、演歌・マニア！
（塩素、ホルムアルデヒド、
塩化ビニル、アンモニア）

◆粉じんの状態の物質

熟慮で弁舌！　獅子奮迅！
（ジクロルベンジジン、粉じん）

「出題」パターンを確認していこう！

では、出題パターンを確認していこう。(1) は「蒸気」として存在するものを選ぶ出題パターンだが、知識の確認用に改題している。(2) ～ (4) は組合せ問題のパターンだ。

●「常温で存在する物質の形状」の出題パターン

(1) 次の化学物質のうち、常温・常圧（25℃、１気圧）の空気中で蒸気として存在するものはどれか。

①塩化ビニル　②ジクロルベンジジン
③トリクロロエチレン　④ホルムアルデヒド
⑤二硫化炭素　⑥二酸化硫黄　⑦アンモニア
⑧クロム酸　⑨アセトン　⑩塩素
⑪オルト－トリジン　⑫硫酸ジメチル　⑬塩化水素

(2) 化学物質とその常温・常圧（25℃、1気圧）の空気中における状態との組合せとして、誤っているものは次のうちどれか。

①ホルムアルデヒド…………… ガス
②塩化ビニル…………………… ガス
③二硫化炭素…………………… 蒸気
④二酸化硫黄…………………… 蒸気
⑤アクリロニトリル…………… 蒸気

(3) 化学物質とその常温・常圧（25℃、1気圧）の空気中における状態との組合せとして、誤っているものは次のうちどれか。

①塩素…………………………… ガス
②アンモニア…………………… ガス
③アセトン……………………… 蒸気
④フェノール…………………… 蒸気
⑤ホルムアルデヒド…………… 蒸気

(4) 化学物質とその常温・常圧（25℃、1気圧）の空気中における状態との組合せとして、誤っているものは次のうちどれか。

①ニッケルカルボニル………… 蒸気
②硫酸ジメチル………………… 蒸気
③ジクロルベンジジン………… 粉じん
④水銀…………………………… 蒸気
⑤臭化メチル…………………… 粉じん

パターン(1)は「蒸気」のゴロ合わせを用いれば簡単だろう。「銀ちゃんが、地道に2流のタンカきる（**水銀**、硫酸**ジメチル**、**二硫化炭素**)、汗を飛ばして取り越し苦労、フェイスは上機嫌！（**アセトン**、**トリクロロエチレン**、**フェノール**、**蒸気**)」ということで、**正解は**③、⑤、⑨、⑫となる。

パターン（2）からは、場合により「ガス」や「粉じん」のゴロ合わせも用いなければならない。場合によりというのは、**パターン（2）**については、**④の「二酸化硫黄…蒸気」**の組合せが、前記の蒸気ゴロ合わせから**誤っている**と判断できるので、ガスのゴロ合わせは必要ないからだ。

同じく**パターン（3）も⑤の「ホルムアルデヒド…蒸気」**の組合せが、蒸気ゴロ合わせから**誤っている**と判断できる。

最後の**パターン（4）は「粉じん」のゴロ合わせ**の出番だ。というか、粉じんは「熟慮で弁舌！（**ジクロルベンジジン**）」だけを覚えておけばよいので、**⑤の「臭化メチル…粉じん」**が**誤っている**と判断できる。

このように化学物質の形状を選ぶ出題パターンは難しくない。むしろ易しい部類の問題だ。なので、出題された際には、ここで紹介したゴロ合わせを用いて得点源にしてほしい。

直前に再チェック！

「常温・常圧（25℃、1気圧）の空気中」において…

- 「蒸気」の形状となる７つ（可能ならば８つ）の物質は…
  ➡①水銀、②硫酸ジメチル、③二硫化炭素、④アセトン、⑤トリクロロエチレン、⑥フェノール、⑦アクリロニトリル、⑧ニッケルカルボニル
- 「ガス」の形状となる５つの物質は…
  ➡①塩素、②ホルムアルデヒド、③塩化ビニル、④アンモニア、⑤二酸化硫黄
- 「粉じん」の形状となる物質は… **➡ジクロルベンジジン**

攻略パターン 14

有害要因による健康障害は、この７つを押さえよ！

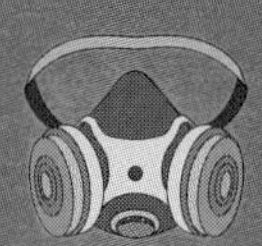

有害要因による健康障害は、あらゆる有害要因の中でも７つの要因とその健康障害が頻出だ。この７つを押さえておくことで、この問題は得点源とできる可能性が高い。

出題箇所が偏っている典型例 !?

「作業環境における有害要因による健康障害」では、労働環境における何かしらの有害要因と、その要因によってもたらされる健康障害の内容が問われる。これらを確認して対処することが、衛生管理者に求められているということだ。

そこで、まずは過去 10 年間における「作業環境における有害要因による健康障害」の出題実績を紹介しよう。よく問われるのが下表①～⑦までの７つの要因であり、これらを押さえることで正解率がグッと上げられる。また、次ページの **Study ㉑**では、この７つの項目のポイントをまとめてある。

■「作業環境における有害要因による健康障害」の出題実績

労働環境等	問われる内容	回	計
①潜水作業等	減圧症の原因、窒素の気泡化	3	15
②金属作業	金属熱の発生	3	19
③暑熱環境	熱中症の症状	3	11
④振動作業	振動障害とレイノー現象	4	12
⑤寒冷作業	凍瘡と低体温症	3	18
⑥タンク内作業等	酸素欠乏症と窒素ガスの関係	2	8
⑦放射線被ばく	電離放射線による確率的・確定的影響	4	10
⑧鉛作業	鉛中毒	2	2
⑨電磁波	マイクロ波	1	3
⑩騒音	騒音性難聴	1	1
合　計		26	99

■ Study ㉑ 7つの有害要因と健康障害のポイント

項　目	内　容
①減圧症	**高圧下作業**や**浮上による減圧**で、**血液中の窒素の気泡化**により発生。皮膚のかゆみ、神経麻痺などが起こる。
②金属熱	亜鉛や銅など**金属ヒュームの吸入**で発生。
③熱中症	・**熱虚脱**：暑熱環境下の作業で**脳**への**血流量**が**低下**し、めまい等が発生。 ・**熱痙攣**：多量の発汗をした際に水だけ補給することで、**血液中の塩分濃度が低下**して発生。
④振動障害	・**全身振動障害**：腰痛や関節痛などの**筋骨格系障害**のこと。 ・**レイノー現象**：末梢の**局所振動障害**で冬期の発生が多い。
⑤寒冷障害	・**凍瘡**：寒冷による**血行障害**で、いわゆる「しもやけ」のこと。 ・**凍傷**：**0℃以下**で**皮膚組織**が**凍結壊死**すること。 ・**低体温症**：**身体の深部体温が35℃以下**に低下することで発生、意識消失等を伴う。
⑥酸素欠乏症	・**酸素欠乏症**：**酸素濃度が15～16%（18%未満）**で、**頭痛**や**吐き気**が発生する。 ・**無酸素状態のタンク内で空気を吸入**すると、**数秒**で**意識消失**する。
⑦放射線被ばく	・**「確率的」影響**： 発生確率が**被ばく線量**に**比例するもの**。**発がん**や**遺伝的影響**がある。 ・**「確定的」影響**： **しきい値を超える**と、線量の増加で重篤度が増加するもの。**中枢神経系障害**や造血器障害等が発生する。

覚えることは多いが、これらは出題内容から外せない。例によって、特にポイントとなる部分をゴロ合わせで紹介しよう。

◆減圧症

現場に圧力、地下層に希望か？
（減圧で、血液中の窒素の気泡化により発生）

攻略14　有害要因による健康障害は、この7つを押さえよ！

ゴロ合わせ

◆金属熱

金の投資に熱！ ヒューヒュー！
吸収するぞ、発生利益！
（金属熱、金属ヒュームの吸入で発生）

◆熱虚脱

姉さん…今日発ちます。
（熱虚脱）

ノー！ケツに竜ってか！
（脳への血流量が低下）

◆振動障害（全身振動障害）

全身震わせ、生涯筋骨隆々！
（全身振動障害、筋骨格系の障害）

◆凍瘡と凍傷

けっこう障害あるけど、通そう！
（血行障害、　凍瘡）

闘将は格好ええし。
（凍傷、皮膚組織の凍結壊死）

◆確定的影響

高いしきいを超えて、中枢確定！
（しきい値超えにより、中枢神経障害、確定的影響）

「出題」パターンを確認していこう！

では、出題パターンを確認していこう。上で紹介したゴロ合わせを用いれば、どれも難しくはない。

●「作業環境における有害要因による健康障害」の出題パターン

①潜水業務における減圧症は、浮上による減圧に伴い、血液中に溶け込んでいた酸素が気泡となり、血管を閉塞したり組織を圧迫することにより発生する。（令 5.1 ～ 6 ほか）

②金属熱は、金属の溶融作業において、高温環境により体温調節中枢が麻痺（ひ）することにより発生し、数時間にわたり発熱、関節痛などの症状がみられる。（令 4.1 ～ 6 ほか）

③熱虚脱は、暑熱環境下で脳へ供給される血液量が増加したとき、代償的に心拍数が減少することにより生じ、発熱、徐脈、めまいなどの症状がみられる。（平 29.7 ～ 12 ほか）

④全身振動障害では、レイノー現象などの末梢（しょう）循環障害や手指のしびれ感などの末梢神経障害がみられ、局所振動障害では、関節痛などの筋骨格系障害がみられる。（令 5.1 ～ 6 ほか）

⑤凍瘡（そう）は、皮膚組織の凍結壊（え）死を伴うしもやけのことで、0℃以下の寒冷にばく露することによって発生する。（令 3.7 ～ 12 ほか）

⑥空気中の酸素濃度が 15 ～ 16％程度の酸素欠乏症では、一般に頭痛、吐き気などの症状がみられる。（平 29.7 ～ 12 ほか）

⑦窒素ガスで置換したタンク内の空気など、ほとんど無酸素状態の空気を吸入すると徐々に窒息の状態になり、この状態が５分程度継続すると呼吸停止する。（令 4.1 ～ 6 ほか）

⑧電離放射線による中枢神経系障害は、確率的影響に分類され、被ばく線量がしきい値を超えると発生率及び重症度が線量の増加に応じて増加する。（令 3.7 ～ 12 ほか）

⑨マイクロ波は、赤外線より波長が短い電磁波で、照射部位の組織を加熱する作用がある。（令 5.1 ～ 6 ほか）

⑩騒音性難聴は、騒音にばく露され続けた結果、内耳の有毛細胞が変性し、永久的に聴力が障害を受けるもので、初期には 4kHz 付近の聴力が低下する。（令元 .7 ～ 12）

確認していこう。**パターン①の減圧症**は、減圧によって血液中の**窒素**の**気泡化**から生じる。よって、本問では「酸素が気泡となり」という部分が**誤っている**。なお、このパターンは過去10年間で10回も出題されているので、しっかり押さえておこう。

パターン②の金属熱は、**金属ヒュームの吸入**により発生するもので、「体温調節中枢の麻痺」で発生するという部分などが**誤っている**。

パターン③の熱虚脱は、**脳**への**血流量の低下**で発生するものだ。よって、脳へ供給される「血液量が増加」という部分が**誤っている**。

パターン④の振動障害については**「全身振動障害は筋骨格系障害」、「レイノー現象は局所振動障害」**という関係が正しく、記述が**逆**となっており**誤っている**。

パターン⑤は「凍瘡」と「凍傷」の違いを区別していれば対応できる。**「凍瘡は血行障害」**で、**「凍傷は凍結壊死」**なので**誤っている**。

この出題パターンは過去10年間で13回も出題されている。絶対に落としたくない問題だよ！

パターン⑥の酸素欠乏症だが、**酸素濃度が15～16%**ということなので、**頭痛や吐き気という症状は正しい**。そして、**パターン⑦の無酸素状態での空気の吸入**については、**数秒で意識が消失**するため「徐々に窒息の状態」**ではない**。**誤っている**。

パターン⑧の電離放射線障害は「確率的」影響と「確定的」影響に分けられる。**中枢神経系障害は、確定的影響**に分けられるので**誤っている**。

パターン⑨と⑩は Study ㉑で触れていないので、ここで確認してほしい。

まず、**パターン⑨の電磁波**について、簡単に確認しておこう。**電磁波の波長**については**「紫外線→赤外線→マイクロ波」という順序で長くなる。マイクロ波が最も長い**と覚えておけば、本問が**誤っている**と判断できる。なお、マイクロ波は電子レンジ、赤外線はこたつなどで利用されている。

最後の**パターン⑩の騒音性難聴**についてだが、結論として**正しい**。

騒音性難聴は、**一定レベル以上の騒音下で長時間労働**することで起こる聴力障害だ。内耳にある蝸牛の有毛細胞の変性と脱落によるもので、治りにくい。そして、騒音性難聴は、通常の会話音域の周波数 500 ～ 2,000Hz より高い 4,000Hz 近くから聴力が低下し、初期には気づかないことが多い。

以上のように、このテーマも難しい内容ではないだろう。ここでもゴロ合わせも駆使して得点源にしてほしい。

直前に再チェック！

- 減圧症の発生原因は… **➡血液中の窒素の気泡化！**
- 金属熱の発生原因は… **➡金属ヒュームの吸入！**
- 熱中症のうち「熱虚脱」の発生原因は… **➡脳への血流量の低下！**
- 振動障害のうち「全身振動障害」の障害は… **➡筋骨格系**障害！
- 振動障害のうち「レイノー現象」の障害は… **➡末梢の局所振動**障害！
- 寒冷障害のうち「凍瘡」の障害は… **➡血行**障害！
- 寒冷障害のうち「凍傷」の障害は… **➡**皮膚組織の凍結**壊死**！
- 無酸素状態のタンク内で空気を吸入すると… **➡数秒**で意識を消失！
- 放射線障害のうち「確定的」影響では、どのような障害が発生する？
  ➡中枢神経系障害や造血器障害等が発生！

攻略パターン 15

13のリストで攻略！化学物質による健康障害！

化学物質による健康障害は、特に13の化学物質と健康障害が頻出だ。13の物質等を押さえることは大変だが、ゴロ合わせも使ってじっくり攻略しよう。

出題されるのは13の物質のみ!?

前ページまでは「有害要因」による健康障害の話をしたが、ここでは**「化学物質」による健康障害**の話をする。出題内容は同じようなものであり、例えば、「**硫化水素による中毒**では、**呼吸麻痺**などがみられる」という選択肢が正しいか否かといった問題が出る。なお、この選択肢は**正しい**。

ちなみに、この手の問題は前テーマの「有害要因」、ここで話す「化学物質」、そして、次テーマからの「金属」「粉じん」と続く。覚えることは多いが、易しい部類の問題だ。

そして、衛生管理者試験では**同じような問題が繰り返し問われる**ので、過去によく出題されている知識を押さえるだけでも正解率がグッと上がる。そこで、「化学物質による健康障害」について、押さえておきたい知識をまとめたのが、106ページのStudy ㉒の13のリストというわけだ。

ちなみに、過去10年間における「化学物質による健康障害」の出題内容は、**①物質名と健康障害の正誤**を問う問題が75問、**②物質名とがんの関係の正誤**を問う問題が25問と出題数が多い。ここでは**①の出題パターンについての出題実績**を紹介しておく。

ちなみに、無機水銀を除いて、「金属」が関係する健康障害については、次テーマでまとめたよ。

■「化学物質による健康障害」の出題実績（前ページ出題パターン①）

物質名	主な正しい障害内容（出題回数）	誤りとして出題された回数
①シアン化水素	呼吸困難、痙攣（11）	—
②硫化水素	肺水腫、呼吸麻痺（8）	—
③弗化水素	骨の硬化症、斑状歯（7）	7
④ノルマルヘキサン	末梢神経障害（6）	—
⑤二酸化硫黄	慢性気管支炎（5）	—
⑥ *N,N*- ジメチルホルムアミド	頭痛、肝機能障害（4）	—
⑦ベンゼン	再生不良性貧血（3）	—
⑧酢酸メチル	視神経障害（1）	2
⑨無機水銀	腎障害（1）	—
⑩一酸化炭素	酸素欠乏症（2）	6
⑪塩素	—	5
⑫二酸化窒素	—	4
⑬塩化ビニル	—	3
合　計	48	27

上記のとおり、過去10年間で**出題された物質は合計13物質**である。出題回数を見ると、**シアン化水素は11回も出題**されており、シアン化水素は**今後も出題される**と考えてよい。

ともかく、これら13物質については覚えたほうが得策なので、各物質とその**押さえたい健康障害等を13のリスト**として紹介するのが次ページのStudy㉒だ。

■ Study ㉒ 化学物質による健康障害（押さえたい13のリスト）

物質名	健康障害等
シアン化水素	細胞内の酸素利用障害による**呼吸困難**や**痙攣**。
硫化水素	化学反応等のガスばく露で肺水腫や**呼吸麻痺**など。
弗化水素	過剰摂取で**骨硬化**症や歯のまだら状シミの**斑状歯**。
ノルマルヘキサン	慢性中毒で末梢神経障害の**多発性神経炎**など。
二酸化硫黄	呼吸で取り込まれ、**気管支炎**、**ぜん息**などの呼吸器疾患。また、**歯牙酸蝕**症（歯が溶ける病気）。
N,N-ジメチルホルムアミド	吸入により**めまい**や**頭痛**を起こし、長期にわたるばく露では**肝機能**障害、発がん性のおそれ。
ベンゼン	造血器障害の**再生不良性貧血**や**白血病**。
酢酸メチル	視神経に障害を与え、**視力低下**、**視野狭窄**など。
無機水銀	経口摂取すると重篤な**腎障害**を引き起こす。
一酸化炭素	**ヘモグロビン**の酸素運搬能力を低下させ、**酸素欠乏**状態に。
二酸化窒素	呼吸により、のど、気管、肺などの**呼吸器疾患**の原因となる。
塩素	**肺水腫**や肺機能低下など呼吸器系疾患や血管障害。
塩化ビニル	急性で見当識障害、虚脱、慢性で肝血管肉腫、**指骨溶解**。

そして、これらの健康障害を押さえるツールとなるのが以下のゴロ合わせである。いくつか紹介しておこう。

◆シアン化水素

高級・敬礼、知らんのか？
（呼吸困難、痙攣、シアン化水素）

◆弗化水素

フカフカ枕で繁盛し
（弗化水素、斑状歯）

◆ノルマルヘキサン

ノルマが多発で神経炎！
（ノルマルヘキサン、多発性神経炎）

◆二酸化硫黄

志賀さんには兄さんが言おう…聞かんし！
（歯牙酸蝕症、二酸化硫黄、気管支炎）

◆ *N,N*- ジメチルホルムアミド

ノーノー！　自滅するぞ！
めまいと頭痛だ。換気しないと！
（*N,N*- ジメチルホルムアミド、
めまいや頭痛、肝機能障害）

◆ベンゼン

ゼンゼン、血が悪い！
（ベンゼン、再生不良性貧血）

◆酢酸メチル

目が散る作戦、視野狭い！
（酢酸メチル、視野狭窄）

◆二酸化窒素

兄さんちょっと、息苦しい！
（二酸化窒素、呼吸器疾患）

◆無機水銀

水がないと、腎臓に悪い
（無機水銀、腎障害）

◆塩化ビニル

えぇんか？　漫然と肉でけんかしても！
（塩化ビニル、慢性で肝血管肉腫）

たくさんのゴロ合わせを紹介したが、出題パターンを確認しながら、少しずつ知識を身につけていってほしい。

なお、104ページで触れた**出題パターン②の対策**として、主な化学物質と発症のおそれがある**「がん」の関係**についても紹介しておく。余力があれば、これも確認してほしい。

■化学物質と発症のおそれのある主な「がん」（出題パターン②）

物質名	主ながん	出題実績
ベンゼン	**白血病**	2
ベンジジン	**膀胱がん**	4
石綿	**中皮腫**	3
コールタール	**皮膚がん**	3
塩化ビニル	**肝血管肉腫**	2

「出題」パターンを確認していこう！

では、出題パターンを確認していこう。

●「化学物質による健康障害」の出題パターン

①酢酸メチルによる中毒では、再生不良性貧血や白血病がみられる。（平27.1～6ほか）

②酢酸メチルによる健康障害では、視力低下、視野狭窄（さく）などがみられる。（平28.1～6）

③ *N,N*－ジメチルホルムアミドによる健康障害では、頭痛、肝機能障害などがみられる。（令2.1～6ほか）

④シアン化水素による中毒では、細胞内の酸素の利用の障害による呼吸困難、けいれんなどがみられる。（令5.1～6ほか）

⑤二酸化硫黄による慢性中毒では、慢性気管支炎、歯牙酸蝕（しょく）症などがみられる。（令元.1～6ほか）

⑥一酸化炭素中毒は、血液中のグロブリンと一酸化炭素が強く結合し、体内の各組織が酸素欠乏状態を起こすことにより発生する。（令3.7～12ほか）

⑦硫化水素による中毒では、意識消失、呼吸麻痺などがみられる。（令 2.7 ～ 12 ほか）
⑧弗化水素による健康障害では、貧血、溶血、メトヘモグロビン形成によるチアノーゼなどがみられる。（令 2.1 ～ 6 ほか）
⑨ベンゼンによる健康障害では、再生不良性貧血、白血病などがみられる。（令 2.1 ～ 6 ほか）
⑩二酸化窒素による慢性中毒では、骨の硬化、斑状歯などがみられる。（令 4.7 ～ 12 ほか）

パターン①と②は「酢酸メチル」に関する問題だ。「目が散る作戦、視野狭い！（**酢酸メチル、視野狭窄**）」ということで、酢酸メチルは、**視神経**に障害を与える物質であり、**視力低下、視野狭窄**などを引き起こす。よって、**パターン①が誤っており、パターン②が正しい**。

パターン③の「*N,N*- ジメチルホルムアミド」は、「ノーノー！　自滅するぞ！めまいと頭痛だ。換気しないと！（***N,N*- ジメチル**ホルムアミド、**めまい**や**頭痛**、**肝機能**障害）」から**正しい**。

パターン④の「シアン化水素」は、「高級・敬礼、知らんのか？（**呼吸困難**、**痙攣**、**シアン化**水素）」から**正しい**。なお、このパターンは過去 10 年間で 10 回も出題されている。

パターン⑤の「二酸化硫黄」も「志賀さんには兄さんが言おう…聞かんし！（**歯牙酸蝕**症、**二酸化硫黄**、**気管支炎**）」から**正しい**。なお、このパターンは過去 10 年間で 5 回の出題である。

パターン⑥の「一酸化炭素」はゴロ合わせを紹介していないが、健康障害は**ヘモグロビン**の合成による**酸素欠乏**症なので**誤っている**。「へ～も～！一切酸素足りず！（**ヘモ**グロビン、**一酸化炭素**、**酸素欠乏**症）」で覚えよう。

パターン⑦の「硫化水素」もゴロ合わせを紹介していないが、健康障害は**意識消失**や**呼吸麻痺**なので**正しい**。ここはアニメ鬼滅の刃ブームに乗っかって「流行してる、水の呼吸（**硫化水素**、**呼吸麻痺**）」という覚え方でもよい。

パターン⑧の「弗化水素」は「フカフカ枕で繁盛し（**弗化水素**、**斑状歯**）」から**誤っている**。なお、本問のチアノーゼとは、血液の酸素不足が原因で皮膚が変色することだ。

パターン⑨の「ベンゼン」は、「ゼンゼン、血が悪い！（**ベンゼン**、**再生不良性貧血**）」ということで、**正しい**。

パターン⑩の「二酸化窒素」は、「兄さんちょっと、息苦しい！（**二酸化窒素**、**呼吸器疾患**）」から**誤っている**。

以上のように、ここも覚えておけば解ける問題ばかりなので、コツコツ知識を貯めてほしい。最後に知識の再チェックだ。

直前に再チェック！

- シアン化水素の主な健康障害は…　**➡呼吸困難や痙攣！**
- 硫化水素の主な健康障害は…　**➡肺水腫や呼吸麻痺など！**
- 弗化水素の主な健康障害は…　**➡骨硬化症や斑状歯！**
- ノルマルヘキサンの主な健康障害は…　**➡多発性神経炎など！**
- 二酸化硫黄の主な健康障害は…　**➡気管支炎、ぜん息などの呼吸器疾患。また、歯牙酸蝕症！**
- *N*,*N*-ジメチルホルムアミドの主な健康障害は…　**➡めまいや頭痛、長期ばく露では肝機能障害！**
- ベンゼンの主な健康障害は…　**➡再生不良性貧血や白血病！**
- 酢酸メチルの主な健康障害は…　**➡視力低下、視野狭窄など！**

攻略パターン16

さらっと攻略！金属による健康障害！

金属による健康障害は、ここで紹介する７つの金属中毒を押さえていれば対応できる。ここも難しい内容ではないので、ゴロ合わせも用いて、さらっと攻略してしまおう。

独立して出題される金属中毒

今度は**「金属」による健康障害**についてだ。これは前テーマの「化学物質による健康障害」に含まれるものだが、試験では**「金属」による健康障害として単独で出題**される。

そして、ここでも各種金属の中毒症状が問われるが、過去問を検討すると、**覚える中毒症状は７つ**でよい。よって、早速だが押さえておきたい内容をStudy ㉓として紹介する。

■ Study ㉓ 金属による健康障害のポイント

金属中毒名	症　状
①マンガン中毒	**筋のこわばり**、ふるえ、**パーキンソン**病様症状。
②鉛中毒	**溶血性貧血**、**末梢神経**障害、**腹部（鉛）疝痛**。
③金属水銀中毒	**感情不安定**、**幻覚**などの精神障害。
④カドミウム中毒	**上気道炎**、**腎機能障害**。
⑤クロム中毒	**肺がん**、**上気道がん**。
⑥ベリリウム中毒	**呼吸困難**、**肺水腫**。
⑦砒素中毒	**角化症**、**黒皮症**、鼻中隔穿孔。

これだけである。上記のうち①～③の出題が比較的多いが、まんべんなく出題されている。ここも覚えておけば正解できるので、何とか頑張ってほしい。では、例によってゴロ合わせを紹介していこう。

ゴロ合わせ

◆マンガン中毒

満貫テンパイ、こわばる筋肉、震えた！
（マンガン中毒　筋のこわばり、ふるえ）

◆鉛中毒

鉛の妖怪が貧血、
腹も痛くて抹消！
（鉛中毒、溶血性貧血、
腹部（鉛）疝痛、末梢神経障害）

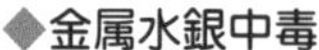

◆金属水銀中毒

水・金・勤続という幻覚、情緒不安定!?
（金属水銀中毒、幻覚、感情不安定）

◆カドミウム中毒

カドに蒸気と炎のジンギスカン！
（カドミウム中毒　上気道炎、腎機能障害）

◆クロム中毒

上機嫌も灰でガ〜ン！
苦労むくわれず
（上気道がん、肺がん、
クロム中毒）

◆ベリリウム中毒

川べりで排水、息苦しい
（ベリリウム中毒　肺水腫、呼吸困難）

◆砒素中毒

ヒソヒソ話すと角が立つ、極秘だよ
（砒素中毒　角化症、黒皮症）

「マンガン中毒」のゴロ合わせについて補足しておくと、「満貫テンパイ」とは麻雀の話だ。麻雀では満貫という高得点の上がりがあり、テンパイとは、上がり直前、リーチがかかった状態のことである。高得点をゲットできそうになり緊張しているという描写である。

「出題」パターンを確認していこう！

では、出題パターンを確認していこう。ここでは特に頻出の5つのものを取り上げる。

●「金属による健康障害」の出題パターン

①マンガン中毒では、指の骨の溶解、皮膚の硬化などの症状がみられる。（令3.1～6ほか）
②鉛中毒では、貧血、末梢(しょう)神経障害、腹部の疝(せん)痛などの症状がみられる。（令4.1～6ほか）
③カドミウム中毒では、上気道炎、肺炎、腎機能障害などがみられる。（令4.1～6ほか）
④クロム中毒では、低分子蛋(たん)白尿、歯への黄色の色素沈着、視野狭窄(さく)などの症状がみられる。（令5.1～6ほか）
⑤砒(ひ)素中毒では、角化症、黒皮症などの皮膚障害、鼻中隔穿(せん)孔などの症状がみられる。（令4.1～6ほか）

パターン①の「マンガン中毒」は大脳に障害を与えるものであり、「満貫テンパイ、こわばる筋肉、震えた！（**マンガン**中毒　**筋のこわばり、ふるえ**）」から**誤っている**。このパターンは過去10年間で7回も出題されている。

パターン②の「鉛中毒」は、「鉛の妖怪が貧血、腹も痛くて抹消！（**鉛**中毒、**溶血性貧血、腹部（鉛）疝痛、末梢神経**障害）」から**正しい**。

このパターン②は過去10年間で9回も出題され、金属中毒では最多の出題だよ。

パターン③の「カドミウム中毒」は、「カドに蒸気と炎のジンギスカン！（**カドミウム**中毒　**上気道炎**、**腎機能**障害）」から、**正しい**。なお、「肺炎」については触れていなかったが、上気道炎という症状から呼吸器系への異常は推測できると思う。

パターン④の「クロム中毒」は、「上機嫌も灰でガ～ン！　苦労むくわれず（**上気道**がん、**肺がん**、**クロム**中毒）」から**誤っている**。なお、低分子蛋白尿や歯の色素沈着はクロム中毒に関係が**なく**、視野狭窄は**酢酸メチル**によるものだ。

最後に**パターン⑤の「砒素中毒」**は、「ヒソヒソ話すと角が立つ、極秘だよ（**砒素**中毒　**角化**症、**黒皮**症）」から**正しい**。なお、この出題パターンは過去10年間で4回の出題中、4回すべて正しい選択肢となっている。

直前に再チェック！

- マンガン中毒の主な健康障害は…　**➡筋のこわばり、ふるえ！**
- 鉛中毒の主な健康障害は…　**➡溶血性貧血、末梢神経障害、腹部（鉛）疝痛！**
- 金属水銀中毒の主な健康障害は…　**➡感情不安定、幻覚！**
- カドミウム中毒の主な健康障害は…　**➡上気道炎、腎機能障害！**
- クロム中毒の主な健康障害は…　**➡肺がん、上気道がん！**
- ベリリウム中毒の主な健康障害は…　**➡呼吸困難、肺水腫！**
- 砒素中毒の主な健康障害は…　**➡角化症、黒皮症、鼻中隔穿孔！**

攻略パターン17

要するに「じん肺」の知識！粉じんによる健康障害！

粉じんによる健康障害については、「じん肺」について問われるものと考えてよい。そこで、押さえておきたい「じん肺」の内容を解説していく。

「じん肺」について押さえればよい！

「○○とその健康障害」というテーマの最後は**「粉じん」による健康障害だ**。ここも単独の問題（1問）として出題される。

粉じんは、鉱山、採石、建設工事など二次産業や製造業、金属研磨作業、アーク溶接作業など多種の作業で発生し、労働者に重篤な健康障害を与えている。この点、試験で出題されるのは、**多量の粉じんを長期間吸い込む**ことで呼吸機能が低下する**「じん肺」**についてだ。よって、ここでは「じん肺」についての知識を解説する。

じん肺は、じん肺法において、**粉じんを吸入**することで、**肺が線維化（線維増殖性変化）**する疾病とされている。進行すると肺組織が破壊され、呼吸困難を引き起こす。**種類としては、次ページの表中「2」の①～⑥（けい肺やアルミニウム肺など）がある**。また、肺結核、続発性気胸、続発性気管支炎、原発性肺がんなど6種類の合併症（じん肺法施行規則で指定）にかかりやすくなる。

初期に自覚症状で気づくことが難しく、**かかってしまうと粉じん作業をやめたとしても、症状が長期間かけて進行する**。障害の程度によって健康管理手帳が国から交付され、無料の健康診断等が受けられるが、**治療法は確立されていない**やっかいな障害なのだ。

このじん肺に関する出題実績をまとめると次ページのようになる。

■じん肺の出題実績

項　目	出題パターン	回
1. じん肺・肺の病変状態と合併症	5	22
2. じん肺の種類と原因	8	28
①けい肺・遊離けい酸	(2)	(9)
②アルミニウム肺	(1)	(4)
③溶接工肺	(1)	(6)
④石綿肺	(2)	(2)
⑤炭素肺	(1)	(5)
⑥木材粉じん	(1)	(2)
3. じん肺の症状	3	4
4. その他	1	1
合　計	17	55

上記 1、3、4 の項目は前ページで解説した内容を押さえれば十分だ。よって、上記 2 の内容をまとめたのが下の **Study ㉔**である。

■ Study ㉔ 粉じん（じん肺）による健康障害のポイント

じん肺の種類	原因と症状
①けい肺	原因は、**遊離けい酸**。**咳などから呼吸困難となる。**
②アルミニウム肺	原因は、**アルミニウム**。
③溶接工肺	原因は、**酸化鉄**・けい酸。
④石綿肺	原因は、**石綿**。**胸膜肥厚や胸膜中皮腫**などを発症。
⑤炭素肺	原因は、**炭素・カーボンブラック**。
⑥木材が原因となることもある	原因は、**木材粉じん**。**気管支炎、気管支ぜんそくなどを発症**。

前ページの解説と **Study ㉔**のうち、赤色部分を押さえておけば十分だ。そもそも**「じん肺」といっても上記の 6 種類**があること、その種類について赤色にしてあるものは押さえておこう。また、**症状については、石綿肺における胸膜肥厚や胸膜中皮腫**を覚えておきたい。この点は、ゴロ合わせを紹介しておく。

◆石綿肺の症状

意思は固い
（石綿肺）

今日まくる！　飛行・必須！
（胸膜肥厚や胸膜中皮腫）

「出題」パターンを確認していこう！

では、出題パターンを確認していこう。ここでは特に頻出の5つのものを取り上げる。

●「じん肺による健康障害」の出題パターン

①じん肺は、粉じんを吸入することによって肺に生じた炎症性病変を主体とする疾病で、その種類には、けい肺、間質性肺炎、慢性閉塞性肺疾患（COPD）などがある。（令4.1～6ほか）
②鉱物性粉じんに含まれる遊離けい酸（SiO_2）は、石灰化を伴う胸膜肥厚や胸膜中皮腫を生じさせるという特徴がある。（令3.7～12ほか）
③じん肺がある程度進行しても、粉じんへのばく露を中止すれば、症状が更に進行することはない。（令2.7～12ほか）
④じん肺の有効な治療方法は、既に確立されている。（令2.7～12ほか）
⑤アルミニウムを含む粉じんや炭素を含む粉じんも、じん肺を起こすことがある。（平30.7～12ほか）

パターン①について、じん肺は、粉じんの吸入により肺が線維化する疾病だが、その**種類はけい肺、石綿肺、アルミニウム肺など**であり、**間質性肺炎**

と慢性閉塞性肺疾患（COPD）ではない。誤っている。116ページのStudy㉔の表を思い浮かべて、間質性肺炎などが触れられていないことを思い出してほしい。

パターン②について、**「遊離けい酸」の吸入で発症するじん肺はけい肺**であり、**胸膜肥厚などは、石綿肺**による症状なので**誤っている。**前ページのゴロ合わせが思い出せれば、対応できるはずだ。

パターン③のじん肺の進行について、**粉じん作業を中止したとしても症状は進行する**ので**誤っている。**また、**パターン④のじん肺の治療法**は現在も**確立されてはいない**ので**誤っている。**この辺は冒頭で解説した話だ。

最後の**パターン**⑤について、**アルミニウムではアルミニウム肺、炭素などでは炭素肺を起こすことがあり正しい。**これも116ページのStudy㉔を理解していれば判断できよう。

このように「粉じん」による健康障害、つまりは「じん肺」に関する知識についても難しい話ではないので、しっかり押さえておいてほしい。

直前に再チェック！

- じん肺は、粉じんへのばく露がなくなっても… **➡進行する！**
- じん肺の治療法は… **➡確立されてない！**
- じん肺の種類は… ➡①**けい**肺、②**アルミニウム**肺、③**溶接工**肺、④**石綿**肺、⑤**炭素**肺、⑥木材が原因のもの！
- 胸膜肥厚や胸膜中皮腫を生じさせるじん肺は… **➡石綿肺！**
- 遊離けい酸が原因となるじん肺は… **➡けい肺！**

攻略パターン 18

作業環境測定の評価は、5つのポイントで解ける！

作業環境測定の評価は、ちゃんと理解しようとすると難しい。しかし、ここで紹介する用語の定義と5つのポイントを押さえれば、試験に対応できる可能性が大だ！

「管理濃度」の意味は絶対に押さえる！

労働衛生（有害業務に係るもの）では、「作業環境測定基準」及び「作業環境評価基準」に基づく**作業環境測定とその結果の評価**について問われることが多い。関係法令（有害業務に係るもの）の分野では、41ページから作業環境測定の実施内容等の話をしたが、ここではその**測定結果の評価方法等**に関する知識が問われるので整理しておこう。必要な**用語の確認**からはじめる。

■作業環境測定の評価に関する用語

用語	内容
管理濃度と許容濃度	作業環境測定の**結果を評価（管理区分の決定）する指標**。許容濃度は労働者の有害物質へのばく露限界を示す。
単位作業場所	労働者の作業行動範囲と有害物質濃度の分布状況から、作業環境管理が必要な区域。
A測定	単位作業場所における**有害物質の気中濃度の平均的な分布**を測定すること。
B測定	**発生源に近接**した**作業位置の最高濃度**を測定するもの。
A測定の第一評価値	単位作業場所において、測定点の気中有害物質濃度の**実測値を基にした分布図の、高い濃度側から面積で5％に相当する濃度**の測定値。
A測定の第二評価値	単位作業場所における気中有害物質濃度の**時間による変動など算術的平均濃度の推定値**。

第一管理区分	単位作業場所の95%以上が管理濃度未満であり、**作業環境管理は適切**と判断される状態。
第二管理区分	**点検・改善の努力が必要**とされる状態。
第三管理区分	**管理濃度を超える。B測定値が管理濃度の1.5倍で作業環境管理は適切でない**危険な状態。点検、改善等の必要がある。

なお、「A測定の第二評価値」における**「算術的平均」とは、一般的な平均（の出し方）**と考えればよい。ABCの数値がある場合、すべてを足して3で割るという平均値の出し方だ。対して、「幾何平均」という平均の出し方があるが、ちゃんと説明すると長くなるので、試験対策上は特殊な計算をするもの…くらいのイメージでよい。

そして**過去10年の出題実績**を見ると、**用語の意味を問うもの（約60%）**と**管理区分の内容を問うもの（約30%）**の**両者で9割以上**を占めており、**この2点を押さえればよい**ということだ。そこで、前ページからの用語とあわせて、測定評価表を見ながらテーマのポイントをまとめていこう。

あとは5つのポイントを押さえて対応！

作業環境測定には「A測定」と「B測定」があり、これら測定の結果をどのように評価すればよいのかが問われる。そして、**評価の結果、第一～第三の管理区分に分類**されるが、**特に管理が適切でない状態が第三管理区分**だ。

次ページの表が、管理濃度から見たA測定とB測定の関係を表したものだ。**Study ㉕**のポイント解説と照らし合わせて見れば、理解がより簡単になるだろう。

次表とポイントの関係について、**ポイント③**でいえば**「A測定の第二評価値」が管理濃度を超えた場合**は、**次表のA測定最下段**であり、3列とも「**第三管理区分**」であることを示している。

■作業環境測定のA測定とB測定の実施関係

「P」は管理濃度を示す

		B測定		
		B測定値＜P	P≦B測定値≦P×1.5	P×1.5＜B測定値
A測定	第一評価値＜P	第一管理区分	第二管理区分	第三管理区分
	第二評価値≦P≦第一評価値	第二管理区分	第二管理区分	第三管理区分
	第二評価値＞P	第三管理区分	第三管理区分	第三管理区分

ちゃんと評価方法を理解したほうがよいけれど、なかなか奥が深い。まずは試験合格に必要な知識だけを抜き出して紹介するよ。

■ Study ㉕ 作業環境測定の評価方法のポイント

① **「B測定」は、「A測定」だけでは見落としやすい危険性**がある場合に、**「A測定」の補完**として行うもの。
→そのため**発生源**に**近接**した場所で行うと考える。
→「**間欠的**に有害物質の発散を伴う作業による気中有害物質の**最高濃度**」を測定する場合等に行う。「**間欠的**」とは、定期的にものごとが発生したり、止んだりすること。

②測定結果には **「A測定の第一評価値」「A測定の第二評価値」「B測定の測定値」の3つ**がある。

③ **「A測定の第二評価値」が管理濃度を超えた**場合、**B測定の結果にかかわらず「第三管理区分」**となる。

④ **「B測定の測定値」が管理濃度の1.5倍を超えた**場合、**A測定の結果にかかわらず「第三管理区分」**となる。

⑤ **「A測定の第二評価値」と「B測定の測定値」がいずれも管理濃度に満たない**場合は **「第二管理区分」**となる。

前ページの５つの知識を押さえておけば、試験に対応できる可能性がかなり高い。では､本当にこれで対応できるのか､次の出題パターンを確認してみよう。

「出題」パターンを確認していこう！

●「作業環境測定」の出題パターン

①管理濃度は、有害物質に関する作業環境の状態を単位作業場所の作業環境測定結果から評価するための指標として設定されたものである。（令3.1 ～ 6 ほか）
② A 測定は、単位作業場所における有害物質の気中濃度の平均的な分布を知るために行う測定である。（平 30.7 ～ 12 ほか）
③ B 測定は、単位作業場所中の有害物質の発散源から遠い場所で作業が行われる場合等において、作業者の位置における有害物質の濃度を知るために行う測定である。（平 28.7 ～ 12）
④ A 測定の第二評価値は、単位作業場所における気中有害物質の幾何平均濃度の推定値である。（平 30.7 ～ 12 ほか）
⑤ A 測定の第二評価値及び B 測定の測定値がいずれも管理濃度に満たない単位作業場所は、第一管理区分になる。（令 3.7 ～ 12 ほか）
⑥ B 測定の測定値が管理濃度を超えている単位作業場所は、A 測定の結果に関係なく第三管理区分に区分される。（令 3.1 ～ 6 ほか）
⑦原材料を反応槽へ投入する場合など、間欠的に有害物質の発散を伴う作業による気中有害物質の最高濃度は､A 測定の結果により評価される｡（令3.1 ～ 6 ほか）

パターン①は「管理濃度」の用語の理解について問われており**正しい**。これは過去 10 年間で 14 回も出題されているので、覚えてしまおう！

パターン②は「A 測定」の用語の理解だ。119 ページで紹介したとおりであり**正しい**。

パターン③は「B 測定」の用語の理解だ。**B 測定は「発生源に近接」した作業位置での最高濃度を測定**するものなので、**誤っている。**

パターン④は「A 測定の第二評価値」の用語の理解だ。これは「気中有害物質濃度の時間による変動など**算術的平均濃度**の推定値」であり、「幾何平均濃度の推定値」とする記述は**誤っている。**

パターン⑤は、Study ㉕**のポイント**⑤から、**「A 測定の第二評価値及び B 測定の測定値がいずれも管理濃度に満たない」**場合は、**第二管理区分となるので誤っている。**なお、本問は過去 10 年間で 6 回出題されている。

パターン⑥は Study ㉕**のポイント**④を覚えているかどうかだ。**「B 測定の測定値」が管理濃度の 1.5 倍を超えた**場合、**A 測定の結果にかかわらず「第三管理区分」**となるので**誤っている。**単に「超えている」ではない。

最後のパターン⑦だが、「**間欠的**に有害物質の発散を伴う作業による気中有害物質の**最高濃度**」は **B 測定**で行うので、**誤っている。**

直前に再チェック！

- 「管理濃度」とは…
  ➡作業環境測定の**結果を評価**（管理区分の決定）する**指標**！
- 「A 測定の第二評価値」とは…
  ➡気中有害物質濃度の時間による変動など**算術的平均**濃度の推定値！
- 「B 測定の測定値」が管理濃度の 1.5 倍を超えた場合の管理区分は…
  ➡ A 測定の結果にかかわらず「**第三管理区分**」！
- 「A 測定の第二評価値」と「B 測定の測定値」がいずれも管理濃度に満たない場合の管理区分は… ➡「**第二管理区分**」！

攻略パターン 19

4つのパートに分けて、保護具のポイントを紹介！

各種保護具は、過去10年間で合計95問と出題数が多い。覚えるべき知識を切り詰めて紹介するが、ここで紹介する知識を押さえて臨むだけでも、攻略可能性大だ！

この2ページでポイントをまとめます！

労働安全衛生法では、有害業務や有害物質を扱う業務に従事する労働者の健康障害を防止するため、呼吸用保護具や化学防護服、保護めがねなどの着用を義務付けている。試験では、これら**保護具の用途や性能等について出題**されるが、押さえたい保護具は**「防じんマスク」「防毒マスク」「聴覚（防音）・遮光保護具等」「呼吸用保護具」**であり、**過去10年間で合計95問もの出題**があった。さっそくだがポイントをまとめたStudy ㉖は下のものだ。

■ Study ㉖ 労働衛生保護具のポイント

〔呼吸用保護具〕

- **ろ過式**：防じんマスク、防毒マスク、電動ファン付き呼吸用保護具など。**酸素濃度18%未満、有害物質濃度が不明な場所では使用できない。**
- **給気式**：送気マスク、自給式呼吸器（空気呼吸器、酸素呼吸器）など。**酸素18%未満でも使用できる**（酸素欠乏症等防止用保護具）。

※送気マスク（エアラインマスク・ホースマスク）は、清浄空気をパイプ等で給気するもの。

〔防じんマスク〕 粒子物質をフィルターに通過させて除去する。
検定機関の合格標章のあるものは、**ヒュームにも有効**。

取替え式：**有害性の高い**物質を扱う作業で使用。
使い捨て式：研磨、鋳造、溶接等で使用。

〔**防毒マスク**〕：空気中の**有害ガスや蒸気を吸収缶で除去**するもの。

吸収缶の破過時間（除毒能力を喪失するまでの時間）は、**温度や湿度が高いほど短くなる**傾向がある。

■押さえておきたい吸収缶の種別と色分け

吸収缶の区分	色	吸収缶の区分	色
有機ガス用	黒	ハロゲンガス用	灰・黒
一酸化炭素用	赤	シアン化水素用	青
亜硫酸ガス用	黄赤	硫化水素用	黄

〔**電動ファン付き呼吸用保護具**〕

有害物質をフィルターを通して除去し、清浄空気を給気する（以下、**防じん機能**を有するものを **P-PAPR**、**防毒機能**を有するものを **G-PAPR** と略称)。G-PAPR には、ハロゲンガス用、有機ガス用、アンモニア用、亜硫酸ガス用の 4 種類がある。**改正**

〔**使用制限**〕

- **防じんマスク使用義務の場所で有毒ガス等が混在**するときは、防じん機能を有する防毒マスク、防じん機能を有する G-PAPR 又は給気式呼吸用保護具を使用し、**P-PAPR は使用してはならない**。
  吹付け塗装作業等のように、**有機溶剤の蒸気と塗料の粒子等の粉じんが混在している場合も同様**である。**改正**
- **2 種類以上の有害ガスが混在**する場合、**防毒マスク又は G-PAPR を使用する場合**には、**有害ガスのそれぞれに合格した吸収缶を選定**する。**改正**

〔**その他の労働衛生保護具**〕

①**聴覚保護具**：騒音作業用に、耳覆い（イヤーマフ）又は耳栓がある。

強烈な騒音の場合、両者の併用もできる。正しく装着すれば、110dB 以上の騒音を遮音できる。

②**遮光保護具**：溶接作業の光や紫外線など眼のばく露を防ぐ。

作業の種類に応じて適切な遮光度番号のものを使用する。

③**保護クリーム**：作業中の有害物質が皮膚に付着するのを防ぐ。

④**保護めがね**：飛散粒子や薬品飛沫による障害を防ぐ。

「出題」パターンを確認していこう！

では、出題パターンを確認してみよう。

●「保護具」の出題パターン

①防じんマスクは、面体と顔面との間にタオルなどを当てて着用してはならない。（令 2.7 ～ 12 ほか）

②防じんマスクは作業に適したものを選択し、顔面とマスクの面体の高い密着性が要求される有害性の高い物質を取り扱う作業については、使い捨て式のものを選ぶ。（令 3.1 ～ 6 ほか）

③型式検定合格標章のある防じんマスクでも、ヒュームに対しては無効である。（平 30.1 ～ 6 ほか）

④ 2 種類以上の有害ガスが混在している場合には、そのうち最も毒性の強いガス用の防毒マスクを使用する。（令元 .1 ～ 6 ほか）

⑤有機ガス用防毒マスクの吸収缶の色は黒色であり、一酸化炭素用防毒マスクの吸収缶の色は赤色である。（令 2.7 ～ 12 ほか）

⑥ハロゲンガス用防毒マスクの吸収缶の色は、黄色である。（令元 .1 ～ 6 ほか）

⑦騒音作業における聴覚保護具（防音保護具）として、耳覆い（イヤーマフ）又は耳栓のどちらを選ぶかは、作業の性質や騒音の特性で決まるが、非常に強烈な騒音に対しては両者の併用も有効である。（令 4.7 ～ 12 ほか）

⑧遮光保護具には、遮光度番号が定められており、溶接作業などの作業の種類に応じて適切な遮光度番号のものを使用する。（令 4.7 ～ 12 ほか）

⑨酸素濃度 18％未満の場所で使用できる呼吸用保護具には、送気マスク、空気呼吸器のほか、電動ファン付き呼吸用保護具がある。（令 2.7 ～ 12 ほか）

⑩有毒ガスの濃度が高い場合には、電動ファン付き呼吸用保護具を使用する。（平 30.1 ～ 6 ほか）

パターン①は「防じんマスク」の問題だ。タオルなどを当てた上から防じんマスクや防毒マスクを使用すると、粉じん等が面体内へ漏れ込むおそれがあり、**行ってはならない**。**正しい**。

この出題パターンでは誤りも含めて過去10年で5回も出題されている。なお、タオルではなく「接顔メリヤス等」の使用が許されるかという出題もあるよ(ダメ)。

パターン②は「防じんマスク」について、**有害性の高い物質**を取り扱う作業でも使えるかという問題だ。この場合、「**取替え式**」を使うべきなので**誤っている**。

パターン③は検定合格標章のある「防じんマスク」についてだが、これは**粉じん、ミスト及びヒュームにも有効**なので**誤っている**。

パターン④は「防毒マスク」について、**2種類以上の有害ガスが混在**する場合は、**それぞれの有害ガスに適合した吸収缶**を選ばなければならず、**誤っている**。なお、この出題パターンは過去10年間で5回出題されている。

パターン⑤と⑥は「防毒マスク」の吸収缶の色の問題だ。この色を問う出題パターンは、合計すると過去10年間で15問と最多である。**Study ㉖**の表のとおりだが、**パターン⑤は正しく**、**パターン⑥は誤っている**。

パターン⑦は「聴覚(防音)保護具」だ。強烈な騒音には、耳覆い(イヤーマフ)と耳栓の**併用も有効**なので、**正しい**。

パターン⑧の「遮光保護具」については、**Study ㉖**のとおり**正しい**。

パターン⑨は「呼吸用保護具」だが、**酸素 18%未満**の場所では、酸素欠乏保護具の送気マスクや自給式呼吸器（空気呼吸器など）の給気式呼吸用保護具を使用しなければならない。ろ過式の**電動ファン付き呼吸用保護具**は、防じん機能を持つ P-PAPR や防毒機能を持つ G-PAPR などあるが、**酸素供給機能がない**ため使用**できない**。**誤っている**。

そして、**パターン⑩の電動ファン付き呼吸用保護具**は、有機ガスやハロゲンガス等含め、有害ガスに有効な G-PAPR はあるが、**P-PAPR は有害ガスが混在する場所・濃度が不明な場所では使用してはならず**、本問は**誤っている**。有害ガスには、防毒マスクや G-PAPR の適切な吸収缶を選択する。

駆け足での解説ではあったが、知っていれば解ける問題ばかりなので、コツコツと知識を蓄えてほしい。

直前に再チェック！

- 防じんマスクは、面体と顔面との間にタオルなどを当てて着用できる？ **➡できない！**
- ２種類以上の有害ガスが混在している場合、防毒マスクを使用できる？ それぞれに適合した吸収缶を選択する**➡できる！**
- 有機ガス用防毒マスクの吸収缶の色は… **➡黒色！**
- 一酸化炭素用防毒マスクの吸収缶の色は… **➡赤色！**
- ハロゲンガス用防毒マスクの吸収缶の色は… **➡灰・黒色！**
- 保護めがねの使用目的は… **➡飛散粒子や薬品飛沫などを防ぐ！**
- 酸素濃度 18%未満の場所で、電動ファン付き呼吸用保護具の使用は… **➡できない！**

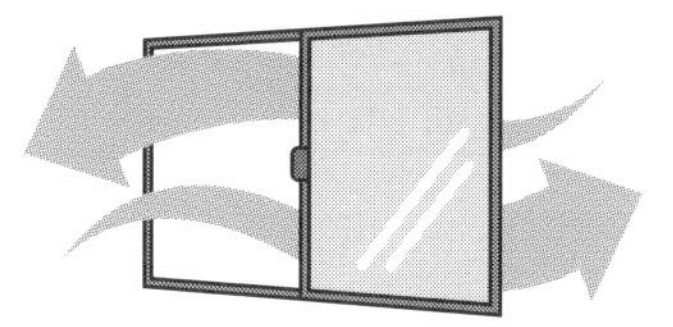

Part.3

関係法令（有害業務に係るもの以外）のパターン攻略

攻略パターン 20

「衛生管理者の職務」等は、3つのパターンで攻略！

関係法令（有害業務に係るもの以外）でも「衛生管理体制」の問題が出題される。そのうち「衛生管理者の職務又は業務」については、3つの出題パターンを押さえれば解ける！

「誤っている」3つの出題パターンを押さえてしまおう！

ここからは3つ目の分野となる**「関係法令」の「有害業務に係るもの以外」**に入る。例年では問21から7問分が出題されるが、まずは12ページからも解説した**「衛生管理体制」**の話からはじめよう。

なお、**この分野は「第2種」試験に合格している受験生**にとっては、**既に身に付けている知識で得点できる**大事な分野となる。「衛生管理体制」について言えば、過去10年間の公表問題において「第2種」試験で出題された合計36問のうち、18問（衛生管理者に関するもの11問、総括安全衛生管理者4問、産業医3問）が「第1種」でも出題されている状態だ。

また、この分野での「衛生管理体制」に関する出題内容はハッキリとしており、過去10年間では**「衛生管理者の職務又は業務」（選任を除く）**が9問（選択肢数45肢）、**「事業者の義務等」**が2問（選択肢数10肢）となっている。

それに加えて**「総括安全衛生管理者」と「産業医」**に関する問題が出題されるが（過去10年間で合計7問分）、内容は「選任」に関する基礎的なものであるため、後述のStudy ㉗と㉘を押さえれば十分である。

では、「衛生管理者の職務又は業務」と「事業者の義務等」の出題実績を紹介するよ。

■「衛生管理者の職務又は業務」（選任を除く）と出題実績

	項　目	選択肢数	正　誤
1	**労働災害の原因調査等**	9	○
2	**健康診断の実施等**	8	○
3	**安全衛生教育の実施等**	5	○
4	**安全衛生計画の作成等**	4	○
5	**方針表明に関する内容**	9	○
6	**作業場の巡視は**　①**毎週 1 回**である ②**1 か月に 1 回**である	① 1 ② 2	①○ ②×
7	**健康管理について事業者に勧告**	6	×
8	**衛生推進者の指揮**	1	×
合　計		45 肢	

■「事業者の義務等」と出題実績

	項　目	選択肢数	正　誤
1	**危険又は健康障害を防止**	2	○
2	**衛生の権限付与**	2	○
3	**労働基準監督署長の増減命令**	2	○
4	**選任の期限**	2	○
5	**作業場の巡視**	2	×
合　計		10 肢	

上の２つの表には**「衛生管理者の職務又は業務」と「事業者の義務等」がそれぞれ記載**されている。そして、**赤字**部分が**誤っている内容**だ。例えば、**衛生管理者の業務**に、**労働者の健康管理等について事業者への勧告が含まれるか？**…という問題が出た場合は**誤っている。含まれない**ということだ。

同じく、**衛生管理者の作業場の巡視**について**「毎週 1 回」**かと問われれば**正しく、「1 か月に 1 回」**かと問われれば**誤っている**ということである。上のデータから言ってしまえば、**この分野における「衛生管理体制」の問題**は…

上の誤りの項目さえ覚えてしまえばよい！（他はすべて正しい）

…とも言えるのだ。

ということで、「衛生管理者の職務又は業務」「事業者の義務等」についてのポイントは以下のようになる。

■ Study ㉗「衛生管理者の職務又は業務」「事業者の義務等」のポイント

・衛生管理者の職務又は業務について、「誤り」となる３つのパターンは？

↓

①衛生管理者は、少なくとも**毎月１回**作業場等を**巡視**する。

→**正しくは「毎週１回」**である！

②衛生管理者は、事業者に対し、**労働者の健康管理等**について**必要な勧告**をする。　→そのような規定は**ない**！

③衛生管理者は、**衛生推進者の指揮**を行う。　→そのような規定は**ない**！

・事業者の義務等について、「誤り」となるパターンは？

↓

事業者は、少なくとも**毎月１回**作業場等を**巡視**する。

→巡視は**衛生管理者**の業務である（また正しくは「**毎週**１回」）！

最後の事業者の**巡視**については**「衛生管理者が毎週１回」**なので、実質的に覚えるパターンは３つといえよう。

ちなみに、「衛生管理者の職務又は業務」について、「労働災害の原因調査等」「健康診断の実施等」「教育の実施等」は安衛法10条１項１～４号で規定されている。この５号では「労働災害防止業務で厚生労働省令で定めるもの」との規定もあり、この厚生労働省令が安衛則３条の２だ。そこで、**「安全衛生計画の作成等」「方針表明の内容」**が規定されている。

その他の職務等として、作業条件等衛生上の改善や日誌等職務上の記録などもあるけれど、試験では出題されていないよ。

また、**「健康管理について事業者に勧告」**できるのは、**産業医**（安衛法13条5項）などに限られる。**衛生管理者は勧告しない**ということだ。

そして、**「衛生推進者の指揮」**についてだが、**衛生推進者の選任**が必要となるのは、**事業場の規模が10人以上〜49人**の「その他の業種」（安衛法12条の2、安衛則12条の2）についてだ。

ところが、**衛生管理者は50人以上の事業場**（安衛法12条、安衛令4条）が選任対象となるので、**衛生管理者が、衛生推進者の指揮を行うことはない**のだ。

「総括安全衛生管理者」と「産業医」のポイント

この分野の「衛生管理体制」については、**「総括安全衛生管理者」と「産業医」**に関する知識も出題される。そこで、この2点について解説しよう。ここは以下のStudy ㉘を押さえておけばよい。

■ Study ㉘「総括安全衛生管理者」と「産業医」の出題ポイント

項　目	総括安全衛生管理者	産業医
選任対象者（選任できない者）	事業場で**事業の実施を**統括管理する者。 →これに**準ずる者は、対象者ではない。準ずる者は「衛生委員会の議長」の対象者にはなる。**	**以下の者は選任できない。** ①**法人の代表者** ②**事業の実施を**統括管理する者、など
選任の期限	選任すべき事由の発生日から**14日**以内。 選任後は遅滞なく、選任報告書を労働基準監督署長に届け出る。	
選任数	選任すべき事業場は、労働者数によって異なるが、選任数はすべて**1人**。ポイントは**医療業では1,000人以上の事業場でないと選任不要**。	• 50〜3,000人：→**1人**。 • 3,001人以上：→**2人**。
その他	**職務が不能**となった場合、**代理者の選任ができる**。	左のような規定は**ない**。

「出題」パターンを確認していこう！

では、出題パターンを確認していこう。「衛生管理者の職務又は業務」等と「総括安全衛生管理者」等に分けて紹介する。また、「衛生管理者の職務又は業務」等について、冒頭の設問文は共通のものとする。

●「衛生管理者の職務又は業務」等の出題パターン

衛生管理者の職務又は業務等の正誤について、衛生管理者の職務又は業務として、法令上、定められていないものは次のうちどれか。ただし、次のそれぞれの業務は衛生に関する技術的事項に限るものとする。

①労働災害の原因の調査及び再発防止対策に関すること。（令 2.7 ～ 12 ほか）

②労働者の安全又は衛生のための教育の実施に関する業務のうち、衛生に係る技術的事項を管理すること。（平 29.1 ～ 6 ほか）

③衛生管理者は、少なくとも毎月 1 回作業場等を巡視し、設備、作業方法等に有害のおそれがあるときは、直ちに、労働者の健康障害を防止するため必要な措置を講じなければならない。（平 27.7 ～ 12 ほか）

④労働者の健康を確保するため必要があると認めるとき、事業者に対し、労働者の健康管理等について必要な勧告をすること。（令 2.7 ～ 12 ほか）

⑤安全衛生に関する計画の作成、実施、評価及び改善に関すること。（令 2.1 ～ 6 ほか）

この出題パターン①～⑤は、Study ㉗で述べた「誤っている」パターンを覚えてしまえばよい。結果として、**衛生管理者の職務又は業務として定められているのは出題パターン①、②、⑤であり、出題パターン③と④が誤っている**。では、「総括安全衛生管理者」等の出題パターンに入る。

●「総括安全衛生管理者」等の出題パターン

⑥総括安全衛生管理者は、選任すべき事由が発生した日から14日以内に選任しなければならない。（令4.1～6ほか）

⑦総括安全衛生管理者は、事業場においてその事業の実施を統括管理する者に準ずる者を充てることができる。（平26.1～6ほか）

⑧総括安全衛生管理者を選任したときは、遅滞なく、選任報告書を、所轄労働基準監督署長に提出しなければならない。（令4.1～6ほか）

⑨常時使用する労働者数が50人以上の事業場において、厚生労働大臣の指定する者が行う産業医研修の修了者等の所定の要件を備えた医師であっても、当該事業場においてその事業を統括管理する者は、産業医として選任することはできない。（令2.7～12）

⑩常時使用する労働者数が300人で、次の業種に属する事業場のうち、法令上、総括安全衛生管理者の選任が義務付けられていない業種はどれか。（令3.1～6ほか）

（1）通信業　（2）各種商品小売業　（3）旅館業
（4）ゴルフ場業　（5）医療業

⑪事業者は、産業医が旅行、疾病、事故その他やむを得ない事由によって職務を行うことができないときは、代理者を選任しなければならない。（令2.7～12）

パターン⑥は正しい。選任の期限は、衛生管理者、総括安全衛生管理者、産業医いずれも14日以内と覚えておこう。

パターン⑦は、**Study ㉘**で述べた内容であり**誤っている**。次のテーマで述べる「衛生委員会の議長」とのヒッカケをねらったものだ。

パターン⑧の選任報告は正しい。ここでも**衛生管理者、総括安全衛生管理者、産業医のいずれも「遅滞なく」提出する**こととなっている。

パターン⑨は正しい。産業医の選任について、法人の**代表者**や個人事業者、事業を**統括管理**する者は選任できない。早い話、これらの者が産業医となると、労働者の健康管理がないがしろにされる危険性があるのだ。

パターン⑩は Study ㉘で触れたとおり、**(5) の医療業は 1,000 人以上で選任義務が発生**するので（安衛令２条３号）、これが正解となる。

パターン⑪の産業医の代理者だが、このような規定は**ない**ので、**誤っている**。代理者の選任ができるのは、**総括安全衛生管理者**である。

直前に再チェック！

- 衛生管理者の巡視義務の頻度は…　➡**毎週１回！**
- 衛生管理者は、事業者に対して、労働者の健康管理等について必要な勧告をしなくてはならない？　➡そのような規定は**ない！**
- 衛生管理者は、衛生推進者の指揮を行わなくてはならない？
  ➡そのような規定は**ない！**
- 事業者は、少なくとも毎月１回作業場等を巡視しなくてはならない？
  ➡巡視は**衛生管理者**の業務！　また、正しくは「**毎週１回**」！
- 衛生管理者の選任は、選任すべき事由の発生日から…　➡ **14 日以内！**
- 総括安全衛生管理者は、事業場で事業の実施を統括管理する者に準ずる者をもって、充てることができる？
  ➡**できない！**（これは「**衛生委員会の議長**」の話）
  ➡事業の実施を**統括管理**する者でなければならない！
- 産業医が一定の事由で職務を行うことができないときは、代理者を選任できる？
  ➡**できない！**
  ➡できるのは**総括安全衛生管理者！**

攻略パターン21

衛生委員会の委員の「半数」は、労働者から選ぶ！

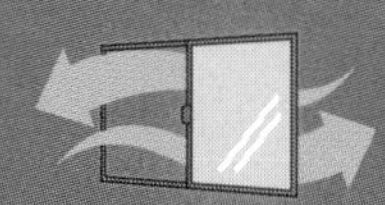

衛生委員会に関する問題は、簡単であるにもかかわらず、頻出度も高い。ここで紹介するポイントはしっかり押さえて、出題時は得点源にできる！

「同じ問題」が最も出題されるテーマ！

ここで解説する**「衛生委員会」**は、労働者の健康の保持増進等について、**事業者に対して意見を述べる機関**であり、労働災害の再発防止や健康障害防止などの改善策を審議・反映させる制度である。まずは、繰返し出題されている出題実績を紹介しよう。

「衛生委員会」は出題数が多く、しかも、繰返しの出題パターンが最も多いテーマといえるよ。

■「衛生委員会」の出題実績

（「件」は出題パターン数）

出題パターン	件・設問数
①委員に関する指名内容	6件―19問
②労働衛生コンサルタント、産業医の指名可否	6件―15問
③議長に関する指名内容	2件―15問
④開催回数と記録の保存	4件―11問
⑤設置条件と安全衛生委員会	4件― 5問
⑥議事内容等	3件―10問
合　計	**25件―75問**

上の表について説明すると、①の「委員に関する指名内容」では、1つの出題パターン（1件）に対して、平均4問が**同一内容で出題**されているとい

うことだ。

そして、押さえておきたい衛生委員会のポイントをまとめたのが、以下の **Study ㉙**である。

■ Study ㉙「衛生委員会」のポイント

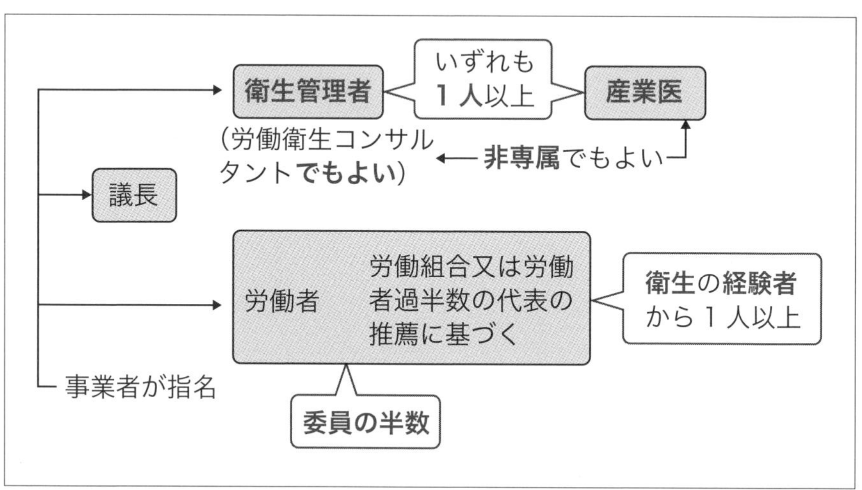

項　目	内　容
(1) 設置	①**業種を問わず**労働者 **50 人以上**の事業場に設置する。 ②衛生委員会、安全委員会に代えて**安全衛生委員会を設置できる**。
(2) 委員	**事業者が指名**する。
①議長	**総括安全衛生管理者**又はそれ以外の者で**事業の実施を統括管理する者**若しくはこれに**準ずる者**から選任する。
②衛生管理者	**1 人**以上が必要。**非専属**の**労働衛生コンサルタント**でもよい。
③産業医	**1 人**以上が必要。専属でも**非専属**でもよい。
④労働者	• **議長を除く、委員の半数は、労働者から指名**しなければならない。 なお、**指名には、労働組合又は労働者過半数の代表の推薦**が必要。 • **衛生に関する経験のある者**から 1 人以上が必要。 • 事業場の労働者で、作業環境測定を実施している**作業環境測定士も指名できる**。

(3) 開催・記録保存	• **毎月 1 回以上開催**する。**議事概要**は、一定の方法で**労働者に周知**する。 • 議事の記録は、**3 年間**保存する。

以上の内容を押さえれば、衛生委員会の問題は解ける。出題パターンを確認していこう。

「出題」パターンを確認していこう！

●「衛生委員会」の出題パターン

①衛生委員会の議長を除く全委員は、事業場に労働者の過半数で組織する労働組合がないときは、労働者の過半数を代表する者の推薦に基づき指名しなければならない。（令 2.1 ～ 6 ほか）

②事業場で選任している衛生管理者は、すべて衛生委員会の委員としなければならない。（平 27.1 ～ 6 ほか）

③作業環境測定を作業環境測定機関に委託している場合、衛生委員会の委員として、当該機関に所属する作業環境測定士を指名しなければならない。（令 2.1 ～ 6）

④当該事業場の労働者で、衛生に関し経験を有するものを衛生委員会の委員として指名することができる。（令 2.1 ～ 6 ほか）

⑤衛生管理者として選任しているが事業場に専属ではない労働衛生コンサルタントを、衛生委員会の委員として指名することはできない。（令 3.7 ～ 12 ほか）

⑥衛生委員会の委員として、事業場に専属でない産業医を指名することはできない。（令元 .1 ～ 6 ほか）

⑦衛生委員会の委員として指名する産業医は、事業場の規模にかかわらずその事業場に専属の者でなければならない。（平 26.7 ～ 12 ほか）

⑧事業場に専属ではないが、衛生管理者として選任している労働衛生コンサルタントを、衛生委員会の委員として指名することができる。（平 29.1 ～ 6 ほか）

⑨衛生委員会の議長は、衛生管理者である委員のうちから、事業者が指名しなければならない。（令 4.7 ～ 12 ほか）
⑩衛生委員会の議長は、原則として、総括安全衛生管理者又は総括安全衛生管理者以外の者で事業場においてその事業の実施を統括管理するもの若しくはこれに準ずる者のうちから事業者が指名した委員がなるものとする。（令 5.1 ～ 6 ほか）

パターン①～④は、衛生委員会のメンバーに関するものだ。ちなみに、パターン③は過去 10 年間で初めて出題されたパターンだが、今後の出題可能性があるので紹介している。まず、**パターン①**だが、衛生委員会のメンバーは、**議長を除く半数を労働者から指名しなければならない**。議長を除く「全委員」となっている点で**誤っている**。

パターン①は過去 10 年間で 10 回も出題されているよ。絶対に間違わないように！

パターン②の衛生管理者は「1 人以上」いればよく、すべての衛生管理者を選任する必要は**ない**。**誤っている**。

パターン③の作業環境測定士は、事業場の労働者で、作業環境測定を行っている者ならば指名できるが、**必ずしも指名しなければならない対象ではない**ので、**誤っている**。

パターン④の労働者については**正しい**。なお、本問は衛生に関する経験者を指名できる、という内容だが、**1 人以上は指名しなければならない**。

パターン⑤～⑧は、労働衛生コンサルタントと産業医についての問題だ。彼らが**専属の者か、非専属の者かで違いがあるか**がポイントとなるが、**結**

論としては「どちらでもよい」。これを覚えておこう。

すると、**パターン⑤〜⑦は「専属でない→指名できない」**という問題文になっているので、すべて**誤っている**。逆に、**パターン⑧は「指名できる」**となっているので**正しい**ということだ。

ちなみに、このパターン⑤〜⑧は過去 10 年間で合計すると 15 問も出題されている超頻出問題であり、しかも簡単である。これは絶対に正解したい問題だ。

パターン⑨と⑩は、衛生委員会の議長に関する問題である。委員はすべて事業者が指名するが、**議長は「誰でも指名できるものではない」**。その資格は、**総括安全衛生管理者**か、それ以外の者で**事業の実施を統括管理する者**若しくは**これに準ずる者**である。

すると、**パターン⑨**は、衛生管理者である委員だからといって、指名できる**わけではない**ので、「しなければならない」とする点で**誤り**となる。このパターン⑨は過去 10 年間で 9 回も出題されている。そして、**パターン⑩は正しい**。

以上のように、衛生委員会は簡単な問題が多いので、しっかり押さえて得点源にしよう。

直前に再チェック！

- 議長を除いて、労働者から指名すべき衛生委員会の委員の割合は…
  ➡**全委員の半数以上！**
- 労働衛生コンサルタントと産業医を選任するには、その事業場に専属する者でなくてはならない？ ➡**どちらでもよい！**
- 衛生委員会の議長となるための資格は…
  ➡**総括安全**衛生管理者か、事業の実施を**統括管理**する者、若しくはこれに**準ずる者！**

攻略パターン22

複雑な健康診断の学習も、ここで終えてしまおう！

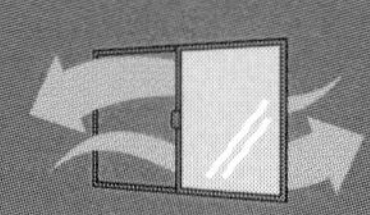

「健康診断」にはいくつかの種類があり、覚える知識が多いので学習に時間がかかる。しかし、ここで紹介する知識だけで、「健康診断」についての学習を終えられるぞ！

2つの健康診断、プラスαの知識で勝負する！

ここでは**健康診断**に関する出題パターンの話をしよう。衛生管理者には、労働者の健康管理について、健康診断や健康保持増進対策に関する責任者としての職務が求められている。

具体的には、労働者を**雇入れる際の「雇入時の健康診断」、全ての労働者等を対象**とした**1年以内ごとに1回実施する「定期健康診断」**などを行い、医師との日程調整、診断後の医師と労働者との面接指導、健康診断結果の記録作成・保存など様々な場面にかかわっていくこととなる。

そして、健康診断には大きく分けて、**一般健康診断**と有害物質等の業務に従事する者が対象の**特殊健康診断**等があるが、このうちの一般健康診断には、雇入時の健康診断、定期健康診断、特定業務のうち深夜業従事者の健康診断、海外派遣労働者の健康診断などがある。

ここでは一般健康診断の**「定期健康診断」と「雇入時の健康診断」**にスポットを当てて解説しつつ、特に必要となるその他の健康診断について、プラスαの知識を上積みしていこう。

スペースの都合上、細かいデータは省略するけれど、過去10年間において、この2つの健康診断は単独の問題も含め毎回のように出題されているよ。

「省略できる・できない」項目はゴロ合わせで攻略！

健康診断に関する問題では、**検査項目**が問われることが多い。その中でも**「(医師の判断に基づき) 省略できる」項目か否かという点が頻出**なので、まずはこの点の確認をしよう。なお、下表のものが**検査項目の全て**であり、**定期健康診断と雇入時の健康診断**において、**項目は変わらない**。

■ Study ㉚ 健康診断項目の省略の可否

	省略できない	省略できる
定　期	・**既往歴**、**業務**歴 ・**自覚**、**他覚**症状　・**体重**、**視力** ・**聴力**（1,000Hz、4,000Hz） ・**血圧**　・**尿**（糖、蛋白の有無）	・**肝機能**（GOT・GPT・γ-GTP） ・**血中脂質**（LDL・HDL・血清） ・**血糖**　・**心電図** ・**貧血**検査(35歳を除く40歳未満)
	一部省略できるもの ・身長（20歳以上） ・胸部エックス線(40歳未満で20歳から5歳ごとの節目の者を除く、ほか) ・腹囲（35歳を除き40歳未満、BMI20未満など） ・喀痰検査（胸部エックス線で異常のない者等） ・聴力検査：**35歳・40歳除く45歳未満**は、医師が略式検査に代替できる。	
雇入時	**原則：すべて**	**原則：なし**
	特例 **雇入前3か月以内に健康診断を受けた者が、医師の診断結果の証明を提出すれば**、当該健康診断の項目について**省略できる**。	

これを覚えるのは大変だぁ…と思うだろう。**「定期健康診断」**において**「省略できない」**もののゴロ合わせはこれだ。

自他ともに、略さず知りたい、血尿記録
（自覚・他覚症状、省略できない）（血圧、尿検査）

隊長略さず
（体重、聴力、省略できない）

思慮深く、起業！
（視力、既往歴・業務歴）

そして、**「定期健康診断」**で**「省略できる」**ものののゴロ合わせは以下のものだ。これらのどちらかを使って、問題は解けばよい。

ひ～ん！　缶酎ハイ
（貧血検査、肝機能、血中脂質）

結構、心にしみる！
（血糖、心電図）

違いは「労基署長への報告」のみ！　～意見聴取等

健康診断については、結果を受けて**医師の意見を聴かねばならない義務**や、労働基準監督署長への**結果報告の義務**などがある。これらのポイントをまとめた表が以下のものだ。

■ Study ㉛ 健康診断の意見聴取等のポイント

	意見聴取	結果通知	結果報告の義務	記録の保存
定　期	3か月以内	遅滞なく	50人以上	5年間
雇入時	3か月以内	遅滞なく	義務なし	5年間

- **意見聴取**…健康診断の結果、**異常の所見**があると診断された労働者に対して、健康を保持するための措置について**医師の意見を聴かなければならない**もの。
- **結果通知**…**労働者**に、異常所見の有無にかかわらず**行わなければならない**もの。
- **結果報告**…**労働基準監督署長**に、遅滞なく、**行わなければならない**もの。
- **記録保存**…医師等の意見を記録し、健康診断**個人票を作成**して**保存**するもの。

これらの内容は押さえるとして、**「定期」と「雇入時」で違い**があるのは、**「定期」**での**労働基準監督署長への報告義務だけ**だ。この点を意識しよう。

「深夜業」と「海外派遣」労働者は、2つのポイントで勝負！

ここまで、**一般健康診断**のなかの「定期健康診断」と「雇入時の健康診断」の話をしてきたが、最後に**「深夜業労働者」と「海外派遣労働者」の健康診断**について押さえておくべき知識を紹介する。以下の2点だけで、対応できる可能性が高い。

■ Study ㉜「深夜業」と「海外派遣」労働者の健康診断のポイント

深夜業労働者	海外派遣労働者
配置換えの際に行う。 また、定期に**6か月に1回**行う。ただし、**胸部エックス線検査については1年に1回でよい**。	**海外派遣が6か月以上**の場合、**派遣前に行う**。 また、**派遣後の帰国後、国内業務に就かせるときに行う（一時的な場合を除く）**。

※ 海外派遣健診とは、「定期」健康診断のほかに、医師が必要とする際の健診に、①腹部画像検査、②血中尿酸値、③B型肝炎ウイルス抗体検査のほか、④ABO式・Rh式血液型検査（派遣前）又は糞便塗抹検査（帰国時）を行うもの。

上記の深夜業労働者の知識は過去10年間で8回、海外派遣労働者の知識は3回も出題されていて、今後も出題が予想されるよ。なお、これらは全て正しい選択肢として出題されている。

それでは、**「定期健康診断」**、**「深夜業労働者」**、**「海外派遣労働者」**に関する出題パターンから確認してみよう。

●「定期健康診断」等の出題パターン（一部改題）

①労働安全衛生規則に基づく次の定期健康診断項目のうち、厚生労働大臣が定める基準に基づき、医師が必要でないと認めるときは、省略することができる項目に該当しないものはどれか。（令 4.1 〜 6 ほか）
（1）自覚症状の有無の検査　（2）腹囲の検査
（3）胸部エックス線検査　（4）心電図検査　（5）血中脂質検査

②労働安全衛生規則に基づく次の定期健康診断の項目のうち、厚生労働大臣が定める基準に基づき、医師が必要でないと認めるときに省略することができる項目に該当しないものはどれか。（平 29.1 〜 6）
（1）身長の検査　（2）肝機能検査　（3）尿検査
（4）心電図検査　（5）血中脂質検査

③法令に違反するか？
常時 40 人の労働者を使用する事業場において、定期健康診断の結果について、所轄労働基準監督署長に報告を行っていない。（平 27.1 〜 6 ほか）

④事業場において実施した定期健康診断の結果、健康診断項目に異常所見があると診断された労働者については、健康を保持するために必要な措置について、健康診断が行われた日から 3 か月以内に、医師から意見聴取を行っている。（令 3.1 〜 6 ほか）

⑤深夜業を含む業務に常時従事する労働者に対し、6 か月以内ごとに 1 回、定期に、健康診断を行わなければならないが、胸部エックス線検査については、1 年以内ごとに 1 回、定期に、行うことができる。（令 5.1 〜 6 ほか）

⑥海外に 6 か月以上派遣して帰国した労働者について、国内の業務に就かせるとき、一時的な就業の場合を除いて、海外派遣労働者健康診断を行っている。（令 2.7 〜 12 ほか）

パターン①と②については、**「省略することができる項目に該当しない」**という、回りくどい書き方がされているが、要するに**「省略できない」検査項目**が問われている。

「自他ともに、略さず知りたい（**自覚・他覚**症状、**省略できない**）、血尿記録（**血圧、尿検査**）」

ということで、**パターン①が（1）自覚症状の有無の検査、パターン②も（3）尿検査が省略できない項目として正解**になる。

同じ問題が繰り返される試験の性質上、**省略できない項目として**尿検査**は要注意だよ！**

なお、この**パターン①と②**について、「省略できる」ものから解こうとするならば、「ひ～ん！　缶酎ハイ（**貧血**検査、**肝機能**、**血中脂質**）結構、心にしみる！（**血糖**、**心電図**）」から、**消去法**で解答も可能だ。

パターン③は、**定期健康診断の労働基準監督署長への結果報告**の話だ。この報告義務があるのは、**労働者が 50 人以上の事業場**なので、40 人の労働者を使用している本問では、**法令に違反しない**。

パターン④は、**定期健康診断の結果、異常所見**があった場合の**医師への意見聴取**の話だ。この意見聴取は**健康診断が行われた日から 3 か月以内**に行うものなので、**正しい**。

パターン⑤は、**「深夜業労働者」の健康診断**の話である。これは**6 か月に 1 回行うのが原則**だが、**胸部エックス線検査については 1 年に 1 回でよい**ので**正しい**。

そして、**最後のパターン⑥**は、**「海外派遣労働者」の健康診断**の話である。**本問の記述どおり**の内容であり、**正しい**。

では、混乱を防ぐために分けて紹介するが、最後に**「雇入時」**の健康診断に関する出題パターンを確認しよう。

●「雇入時」の健康診断の出題パターン

①雇入時の健康診断において、35 歳未満の者については、医師の意見を聴いて、貧血検査及び心電図検査を省略している。（平 27.1 ～ 6 ほか）
②雇入時の健康診断において、医師による健康診断を受けた後 3 か月を経過しない者が、その健康診断結果を証明する書面を提出したときは、その健康診断の項目に相当する項目を省略している。（令 3.1 ～ 6 ほか）
③雇入時の健康診断の項目には、血糖検査が含まれているが、血液中の尿酸濃度の検査は含まれていない。（平 30.7 ～ 12 ほか）
④雇入時の健康診断の項目のうち、聴力の検査は、35 歳及び 40 歳の者並びに 45 歳以上の者に対しては、1,000Hz 及び 4,000Hz の音について行っているが、その他の年齢の者に対しては、医師が適当と認めるその他の方法により行っている。（令 3.1 ～ 6 ほか）
⑤事業場において実施した雇入時の健康診断の項目に異常の所見があると診断された労働者については、その結果に基づき、健康を保持するために必要な措置について、健康診断が行われた日から 3 か月以内に、医師の意見を聴かなければならない。（令 3.7 ～ 12 ほか）
⑥雇入時の健康診断の結果に基づき、健康診断個人票を作成して、これを 5 年間保存しなければならない。（平 30.7 ～ 12 ほか）
⑦常時 50 人の労働者を使用する事業場において、定期健康診断の結果については、遅滞なく、所轄労働基準監督署長に報告を行っているが、雇入時の健康診断の結果については報告を行っていない。（令 3.1 ～6 ほか）

パターン①だが、これは**雇入時の健康診断で検査項目を省略しているので、誤っている。雇入時**については、**原則**として、**すべて省略できない**のだ。ただし、次の**パターン②**は、**特例で省略できるパターンについてであり正しい**。

パターン③は、**定期及び雇入時の検査項目**において、**血糖検査は含まれている**が、血液中の**尿酸濃度の検査**（痛風の検査に用いられる）は、**含まれていない**ので、**正しい**。

パターン④は、**雇入時**の健康診断において、**聴力検査についての特例があるか**という点が問われている。この点の**特例はないので誤っている**。

パターン⑤は、**医師からの意見聴取**についてであり**正しい**。この点について、**定期と雇入時の健康診断で差はない**のだ。

パターン⑥は、**記録の保存**の話であるが、やはり**正しい**。この点についても、**定期と雇入時の健康診断で差はない**。

最後の**パターン⑦は、結論として正しい**。診断結果の報告は、**定期健康診断であれば、使用する労働者数が 50 人以上なら義務がある**（安衛則 52 条）。しかし、**雇入時**の場合は、労働者数に関係なく、**報告の義務はない**。

直前に再チェック！

- 「定期」健康診断で省略できない項目は…
  ➡**自覚･他覚症状、血圧、尿検査、体重、聴力、視力、既往歴･業務歴！**
- 「定期」健康診断で省略できる項目は…
  ➡**貧血検査、肝機能、血中脂質、血糖、心電図！**
- 「雇入時」の健康診断で労基署長への結果報告の義務はある？
  ➡**ない！（定期健康診断についてはある）**

攻略パターン23

数字に強い衛生管理者になる！その1　事業場の衛生基準

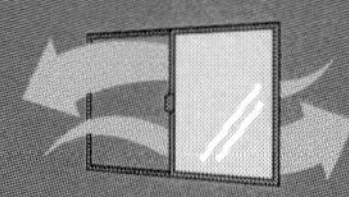

第１種衛生管理者試験では「数字」ものがよく問われる。ここでは「事業場の衛生基準」について、数字の知識をまとめておく。

繰り返し 10 回以上も出題されている選択肢もあり！

衛生管理者試験では、問題文に出てくる「数字」について正誤を問われる問題もよく出る。この手の問題は正確な数字を覚えておかないと、ちょっとした出題者のヒッカケにつられてしまい、誤ってしまうことになりかねない。

そこで、ここでは関係法令（有害業務以外）の分野における**「事業場の衛生基準」**に関して、**「数字」に注目**した必要な知識をまとめてみよう。ここでも今までと同じく、必要な Study を紹介していくので、これらは正確に覚えてもらいたい。

ここで紹介する話も「第２種」試験でほぼそのまま出題されているよ。

まずは出題傾向をつかむため、**「事業場の衛生基準」に関する出題項目**をまとめたのが次ページの表だ。**出題パターンは８項目**となっている。基本的にこれらの出題パターンは、人数等の数字を変えただけの問題であり、その**多くが繰り返し問題**となっている。要するに、出題パターンは少ないので、学習ポイントを絞れるテーマでもある。

■事業場の衛生基準の出題パターン

項　目	パターン数	問題数	出題率
1. 男女別休養室、休憩所の設置	8	16	19%
2. 作業場の気積	8	15	18%
3. 換気：窓その他の開口部の面積	2	10	12%
4. 炊事従業員の便所、休憩室	2	8	9%
5. 食堂の床面積	5	13	15%
6. 大掃除・ネズミ等の措置	3	15	18%
7. 作業面の照度	3	4	5%
8. 照明設備の点検ほか	3	4	5%
合　計	34	85	—

内容に入ろう。まずは**事業場の休養室（所）、休憩所（室）**の決まりについてである。なお、休「養」室と休「憩」所は、設置する義務の強さに違いがあるが、ここまで気にする必要はない。労基法では、労働者の休憩時間について、労働時間が6時間を超える場合は少なくとも45分、8時間を超える場合は1時間を労働時間の途中で与えなければならないとする（同法34条）。

そしてこの場合、事業者は、労働者が休憩を有効に利用するための設備を設けるように努めなければならない（安衛則613条）。

ただし、**労働者が男女合計で50人以上又は女性30人以上**の場合は、**臥床（がしょう）（横になること）できる休養室又は休養所**を、**男女別に設けなければならない**（安衛則618条）。男女別なので、**女性用だけではなく、男性用の休養室等も必要**だ。労働者の体調が悪くなったとき、横になって休養する場所がなければならないということだ。

次は、**作業場の気積と換気**について、**気積**とは、屋内作業場の労働者が**呼吸等に必要な室内空気量**のことだ。設備の占める容積及び床面から4mを超える高さにある空間を除いて、**労働者「1人」について10m³以上必要**とされる（安衛則600条）。

その結果、**作業場の労働者が50人**であれば、**「50人×10m³＝500m³以上」の気積が必要**ということだ。

問題では影響しないので「…4mを超える高さにある空間を除いて」というところは気にしないで大丈夫だよ。要するに、1人当たり10m³以上の気積が必要ということなんだ！

また、**屋内作業場の換気**について、十分な**換気設備が備えられていない**（窓で換気をしている）場合は、「窓その他の開口部の**直接外気に向かって開放できる部分の面積が、常時床面積の20分の1以上**になるようにしなければならない」（安衛則601条1項、事務所則3条1項）。

さらに、**屋内作業場の気温が10℃以下**のときの換気に際しては、**労働者を毎秒1m以上の気流にさらしてはならない**ともされている（安衛則601条2項）。以上の話をまとめたのが、以下のStudy ㉝だ。

■ Study ㉝ 作業場の衛生基準

	項　目	必要な条件
休　養	**臥床できる休養室(所)**	①**男女合計50人**以上、又は、 ②**女性30人**以上 で、**男女別**とする（②未満では**不要**）。
気　積	**労働者1人について必要な気積**	**10m³**以上「**労働者数×10m³**」という計算式で、必要な気積量を求める。
換　気	**換気設備がない場合の開放部分面積**	常時床面積の**20分の1**以上
	気　流	10℃以下では、**1**m/s以上の気流にさらしてはならない。

また、その他の押さえておきたい衛生基準についても、まとめておくので、これも確認しておくこと。どれも読めばわかるはずだ。

■ Study ㉞ その他、押さえておきたい衛生基準

項　目	必要な条件
床面積	**食事の際、1 人 1m² 以上**
炊事従業員	**専用**の**休憩室**と**便所**を設ける（いずれも共用は**不可**）。
照度・照明	精密作業、書類・キーボード作業：**300** ルクス以上 （普通の作業：150 ルクス以上）粗い作業：**70** ルクス以上
照明の設備の点検	**6 か月**ごとに 1 回定期に行う。
大掃除	日常清掃のほか、統一的に **6 か月ごと**に 1 回定期に行う。
ねずみ・昆虫	**6 か月以内ごとに 1 回定期に、被害状況等の調査**を実施し、**必要な措置**を講じなければならない。

それでは**「休養室（所）」**に関する出題パターンから確認してみよう。

●「休養室（所）」の出題パターン

①男性 25 人、女性 25 人の労働者を常時使用している事業場で、労働者が臥（が）床することのできる休養室又は休養所を男性用と女性用に区別して設けていない。（令 3.7 ～ 12 ほか）

②常時男性 5 人と女性 25 人の労働者が就業している事業場で、女性用の臥（が）床できる休養室を設けているが、男性用には、休養室の代わりに休憩設備を利用させている。（令 2.1 ～ 6 ほか）

③常時男性 35 人、女性 10 人の労働者を使用している事業場で、労働者が臥（が）床することのできる男女別々の休養室又は休養所を設けていない。（令 5.1 ～ 6 ほか）

④男性 5 人及び女性 30 人の労働者を常時使用している事業場で、休憩の設備を設けているが、労働者が臥（が）床することのできる休養室又は休養所を男女別に設けていない。（令元 .1 ～ 6 ほか）

どの問題も労働者が**「①男女合計50人以上」**か、**「②女性30人以上」**の場合、**男女別の休養室（所）を設ける**という知識で解ける。

パターン①では**「男女合計50人」**なので、**男女別の休養室（所）が必要**だ。それなのに男女別の休養室（所）を設けておらず、**誤っている**。

パターン②では、**男女を合計しても30人**しかいないので、**男女別の休養室（所）が不要**だ。よって、男性には**休養室の代わりに休憩設備を利用させていてもよい**。**正しい**。

パターン③では、**女性が10人**であり、**男女を合計しても45人**なので、**男女別の休養室（所）が不要**だ。よって、休養室（所）を、男性用と女性用に区別して設けていなかったとしても**違反はしていないので正しい**。

パターン④では**「女性30人」**なので、この時点で**男女別の休養室（所）が必要**となる。それなのに男女別の休養室（所）を設けていない点で、**誤っている**。

では次に、**休養室（所）以外**の衛生基準についての出題パターンをまとめて確認していこう。

●「気積」「換気」その他の衛生基準の出題パターン（一部改題）

①常時50人の労働者を就業させている屋内作業場の気積が、設備の占める容積及び床面から4ｍを超える高さにある空間を除き450m³となっている。（令5.1～6ほか）

②60人の労働者を常時就業させている屋内作業場の気積を、設備の占める容積及び床面から3mを超える高さにある空間を除き600m³としている。衛生基準に違反しているか。（令元.1～6ほか）

③労働衛生上の有害業務を有しない事業場において、窓その他の開口部の直接外気に向かって開放することができる部分の面積が、常時床面積の 15 分の 1 である屋内作業場に、換気設備を設けていない。（令 3.7 ～ 12 ほか）
④事業場に附属する食堂の床面積を、食事の際の 1 人について、$0.5m^2$としている。（令 5.1 ～ 6）
⑤事業場に附属する食堂の炊事従業員について、専用の便所を設けているほか、一般従業員と共用の休憩室を設けている。（令元 .1 ～ 6 ほか）

パターン①と②は「気積」の問題だ。これらは **152 ページの「Study ㉝」**の**労働者数 × $10m^3$** という**計算式**で正誤がわかる。**パターン①**は、**50 人 × $10m^3$ ＝ $500m^3$** から、問題文の $450m^3$ では気積が**足りない**ので**誤り**となる。**パターン②は、60 人 × $10m^3$ ＝ $600m^3$** で、これは条件を**満たしている**ので**正しい**。気積の問題は、全てこの計算式で考えよう。

次のパターン③は換気の問題だ。換気設備を設けていない場合、開放部の面積は常時**床面積の 20 分の 1 以上が必要**となる。**問題では「15 分の 1」**となっているので、**条件を満たし、正しい**。

20 分の 1 より、15 分の 1 のほうが**大きい**よ！
間違えないように注意しよう！

■開放部は常時床面積の「20 分の 1 以上」が必要

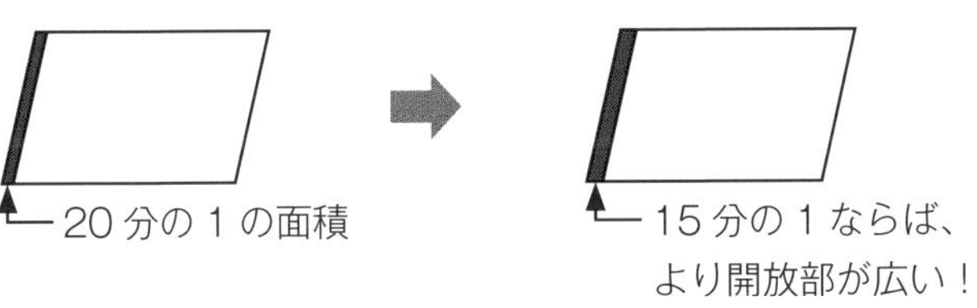
20 分の 1 の面積
15 分の 1 ならば、
より開放部が広い！

攻略 23 数字に強い衛生管理者になる！ その 1 事業場の衛生基準

パターン④は、**153 ページの「Study ㉞」**で触れたとおり、**食堂の床面積**について、**食事の際は 1 人 $1m^2$ 以上必要**となるので、**誤っている。**

パターン⑤は、**炊事従業員**に関する問題だが、衛生面を考慮して、**休憩室と便所はどちらも専用**のものを設ける必要があり、**利用者や一般従業員との共用はできない**ので、**誤っている。**

以上のように、事業場の衛生基準については、ここで紹介した知識を押さえておけば簡単な部類の問題だ。しっかりと押さえて得点源にしてしまおう。

直前に再チェック！

①臥床できる男女別の休養室（所）が必要となる基準は…

➡**男女合計 50 人以上**、又は、**女性 30 人以上**の労働者！

②労働者 1 人について必要な気積は… ➡ **$10m^3$ 以上**！

➡「**労働者数× $10m^3$**」という計算式で求める。

③換気設備がない場合の窓等の開放部分面積は…

➡常時床面積の **20 分の 1 以上**！

➡常時床面積の「15 分の 1」は、要件を**満たす**！

④炊事従業員の休憩室と便所は…

➡**専用**のものを設ける（利用者や一般従業員等との共用は**不可**）！

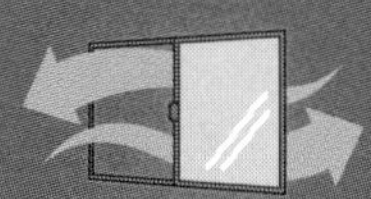

数字に強い衛生管理者になる！その２　年次有給休暇

「年次有給休暇」に関する問題でも、数字が大いに絡んでくる。少し面倒なところではあるが、しっかり準備はしておきたい。

２回に１回は出題！ 捨てるわけにいかない年次有給休暇！

ここでは関係法令（有害業務以外）の**年次有給休暇**についての出題パターンを確認していく。年次有給休暇は**２回に１回の頻度**で出題されており、超頻出というわけでもないが、捨てるわけにもいかない…というところだ。

年次有給休暇に関する出題パターンは、以下のようになっている。

■年次有給休暇の出題パターン

項　目	件　数	問題数	出題形式
1. 短時間労働者の付与日数	4	6	選択（5）文章（1）
2. 通常労働者の付与日数	4	6	〃
3. 計画的付与等	3	3	文章正誤
4. 育児・介護休業の出勤率	2	4	〃
5. 管理監督者の扱い	1	1	〃
6. 時効その他	3	6	〃
合　計	17	26	—

では、内容に入ろう。**年次有給休暇の日数**は、使用者が与えるという意味で**「付与日数」**と言われる。これは労基法で条件が定められている。年次有給休暇の基本となる規定は労基法39条なので、まずはこの条文から確認しておきたい。

労基法 39 条（年次有給休暇、条文は一部意訳）

1　使用者は、その**雇入れの日から**起算して**6か月間継続勤務**し全労働日の**8割以上出勤**した労働者に対して、**継続し、又は分割した 10 労働日の有給休暇**を与えなければならない。

2　使用者は、**1年6か月以上継続勤務**した労働者に対して、**継続勤務年数1年ごと**に、前項の日数に、継続勤務年数の**区分に応じ加算した有給休暇**を与えなければならない。

要するに、**一定の条件（6か月間の継続勤務等）**をクリアすれば、**まずは 10 日間の年次有給休暇**を取得できる。そして、**その後1年ごとに、付与日数が増えていく**というわけだ。その点をまとめた表が以下の Study ㉟である。

年次有給休暇の付与は、一般の労働者のほか、**パート・アルバイト・短時間労働者及び管理監督者も対象となるよ。**

■ Study ㉟ 通常の労働者の年次有給休暇数

①雇入れの日から**6か月**間継続勤務 かつ ②全労働日の**8割**出勤			**10日**間		
継続勤務者の加算年次有給休暇数（最大6年6か月、20日間）					
1年6か月	**2年6か月**	**3年6か月**	**4年6か月**	**5年6か月**	**6年6か月**
11日間	**12日**間	**14日**間	**16日**間	**18日**間	**20日**間

以上が、通常の労働者（基本は、所定労働時間数が**週5日以上又は週30時間以上**）の付与日数である。**最も少ない取得日数が 10 日間であり、最大で 20 日間**という点はまず覚えよう。

そして、1年6か月後から**付与日数が加算**される点の**ゴロ合わせ**は、次のものだ。

一浪はいいけど、
（1年6か月の継続勤務で11日）

二浪で十二分？
（2年6か月の継続勤務で12日）

六浪までは普通だ！
（6年6か月の継続勤務までは、
2日ずつ加える）

ところで、平成30年1月～6月から、**短時間労働者（週30時間未満かつ週4日以下）**の付与日数に関する選択問題が頻繁に出題されるようになった。

同じ知識の出題が繰り返されることからStudy㊱でポイントを紹介しておく。日数の**7～10、12、13、15**の数字を頭にたたき込んでおけば出題は何も怖くない！

■ **Study㊱ 短時間労働者（週30時間未満・週4日）の年次有給休暇数**

雇入れ日から起算した継続勤務期間と付与日数						
0.5年	1.5年	2.5年	3.5年	4.5年	5.5年	6.5年以上
7日間	8日間	9日間	10日間	12日間	13日間	15日間

大前提として、**通常の労働者となるか、短時間労働者となるかの基準は労働時間が「週5日以上又は30時間以上」（どちらかを満たせば通常）であるか否か**である。問題では、この点に注目すること。

また、最後にその他の押さえておきたいポイントを次ページのStudy㊲で紹介しておく。

■ Study ㊲ 年次有給休暇に関するその他のポイント

項　目	内　容
計画的付与	**労使協定で定めた**場合、使用者は**年休の５日を超える部分**について、**時季を決めて休暇**を与えることができる。
出勤と取り扱われるもの	①年次有給休暇の取得日、②産前産後の休業期間、③**育児・介護**休業期間、④業務上負傷等休業期間等
休暇の請求権	**２年間で時効消滅**する。
休暇日の賃金	①**平均**賃金、②**通常**の賃金、③健康保険法の標準報酬月額30分の1（労使協定が必要）

以上が年次有給休暇のポイントだ。出題パターンを確認していこう。

●「年次有給休暇」の出題パターン（一部改題）

①週所定労働時間が30時間以上で、6年6か月継続勤務し、直近の1年間に、全労働日の8割以上出勤した労働者に新たに与えなければならない年次有給休暇の日数は、18日である。（平29.1～6）

②週所定労働時間が30時間以上で、雇入れの日から起算して6年6か月以上継続勤務し、直近の1年間に、全労働日の8割以上出勤した労働者には、15日の休暇を新たに与えなければならない。（平27.7～12ほか）

③週所定労働時間が30時間以上で、雇入れの日から起算して5年6か月継続勤務した労働者に対して、その後1年間に新たに与えなければならない年次有給休暇日数は、法令上、何日か。ただし、その労働者はその直前の1年間に全労働日の8割以上出勤したものとする。（平27.1～6ほか）

（1）16日　（2）17日　（3）18日　（4）19日　（5）20日

④週所定労働時間が32時間で、週所定労働日数が4日である労働者であって、雇入れの日から起算して3年6か月継続勤務した労働者に対して、その後1年間に新たに与えなければならない年次有給休暇日数として、法令上、正しいものは（1）～（5）のうちどれか。ただし、その労働者はその直前の1年間に全労働日の8割以上出勤したものとする。（平

28.7 ～ 12）

（1）10 日　（2）11 日　（3）12 日　（4）13 日　（5）14 日

⑤一週間の所定労働時間が 25 時間で、一週間の所定労働日数が 4 日である労働者であって、雇入れの日から起算して 3 年 6 か月間継続勤務し、直近の 1 年間に、全労働日の 8 割以上出勤したものには、継続し、又は分割した 10 労働日の休暇を新たに与えなければならない。（令 3.1 ～ 6）

⑥法令に基づく育児休業又は介護休業で休業した期間は、出勤率の算定に当たっては、出勤しなかったものとして算出することができる。（平 29.1 ～ 6 ほか）

⑦休暇の請求権は、これを 1 年間行使しなければ時効によって消滅する。（平 30.1 ～ 6 ほか）

まず、**パターン①と②は、ともに誤っている。ともに 6 年 6 か月の継続勤務**があるので、**最大に取得できるケース**であり、**正しくは 20 日**だ。159 ページのゴロ合わせを使って計算してもよいが、**年次有給休暇は 10 日～ 20 日間**という範囲を覚えていたほうが早いと思う。

次に**パターン③**だが、カンのいい人は、**5 年 6 か月**ならば**「最大 6 年 6 か月＝ 20 日」から 2 日引く**と考えるのではないだろうか。つまり、**(3) の 18 日が正解**だ。

続く**パターン④**は、「週所定労働日数が 4 日」という点で迷った人もいるかもしれない。しかし、**「週 30 時間以上」**である。よって、**通常の労働者**のパターンとなり、継続勤務は 3 年 6 か月なので、**(5) の 14 日が正解**となる。

そして、**パターン⑤が「30 時間未満」**の労働時間、1 週間の所定労働日数が **4 日**なので、**短時間労働者**のケースとなる。**「Study ㊱」から継続勤務 3 年 6 か月は 10 日**となり、**正しい内容**となる。

短時間労働者のケースが出題されたのは、公表問題では５度目だよ。今後も同じ問題が繰り返される可能性があるから注意しよう。

パターン⑥の育児休業・介護休業については、「Study ㊲」から**出勤として取り扱われる**ので、**誤っている**。なお、この**パターン⑥**は過去 10 年間で 4 回出題されている。

最後の**パターン⑦**について、**年次有給休暇の請求権は２年間で時効消滅**する。よって、1 年間としている**本問は誤っている**。

パターン⑥と⑦は、繰り返し問われている出題パターンなので、無条件で覚えておこう！

直前に再チェック！

①「通常の労働者」の１年６か月以降の加算付与日数は？
➡１年ごとに 11 日、12 日、14 日、16 日、18 日、20 日。

②「短時間労働者」が３年６か月継続勤務すると、年次有給休暇を何日間取得できる？（所定労働日数４日の場合） ➡ 10 日間！

③育児休業又は介護休業で休業した期間は、年次有給休暇の取得に関して、出勤と扱われる？ ➡**扱われる**！

④年次有給休暇の請求権は、何年間で時効消滅する？ ➡２年間！

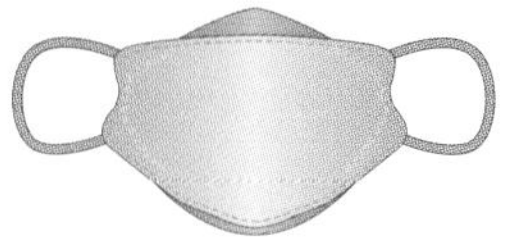

Part. 4

労働衛生
（有害業務に係るもの以外）
のパターン攻略

攻略パターン25 4つの知識だけで、腰痛予防対策を攻略できる！

腰痛に悩まされている受験生も多いと思うが、「腰痛予防対策」は常識的に判断できる問題が多い。そうであれば、それ以外の知識を押さえておけば対応できるはずだ。

常識的に判断できる問題が多いのが特徴！

職場で発生する腰痛は、多くの業種や作業において見られ、多元的な要因や作業様態が労働者に影響を与えている。そこで、職場での腰痛を予防するため、労働安全衛生の内容を整備し、リスクに応じて作業管理、作業環境管理、健康管理及び教育を事業管理と一体に取り組む必要が求められている。

腰痛の発生要因としては、①動作要因（重量物の取扱い、介護・看護の抱え作業など）、②環境要因（車両運転等の長時間振動、床面状態など）、③個人的要因（年齢・性差、体格差等、既往症など）、④心理・社会的要因（過度な長時間労働、職場のストレスなど）が挙げられ、腰痛は古くて新しい重要なテーマだ。

このような背景からか、過去10年間では10回分の出題ながら、**平成30年以降は6回連続で出題**されているホットなテーマなのだ。出題内容は、作業管理、作業環境管理、健康管理の3管理の知識が求められるが、範囲が絞られるので具体的に内容を押さえていきたい。

まずは出題実績を確認してから、Study ㊳でポイントを覚えよう。「職場における腰痛予防対策指針」をまとめたもので簡単な内容だよ！

■腰痛予防対策の出題実績

項　目	パターン数	問題数
①重量物取扱い時の作業姿勢	5	15
②腰部保護ベルトの装着対象	2	8
③重量物取扱い作業の健康診断	2	7
④ 18 歳以上の者の体重と重量比	2	8
⑤取扱い物の表示等	1	2
⑥健康診断の項目※	1	2
合　計	13	42

※「⑥健康診断の項目」は、5 肢択一式を 1 件 1 問とした。

腰痛予防対策で出題されるのは、上記 6 つのテーマだ。そして、ポイントをまとめたのが以下の **Study ㊳**だが、まずは一読してほしい。

■ Study ㊳ 腰痛予防対策のポイント

項　目	内　容
作業管理	**〔作業姿勢・動作〕** ・**重量物を持ち上げる**ときは、**身体を対象物に近づけ、重心を低く**する。 ・**腰掛け作業**の場合、**椅子には深く腰を掛けて、背もたれで体幹を支え**、履物の**足裏全体が床に接する姿勢を基本**とする。 **〔腰部保護ベルト〕** ・**個人により効果が異なるため、一律に使用させない**。個人ごとに効果を確認して、使用の適否を判断する。 **〔人力により扱う物の重量〕** ・**満 18 歳以上の男子：** **体重のおおむね 40%以下**となるように努める。 ・**満 18 歳以上の女子：** **男性**が取り扱う重量の **60%くらい**までとする。 ・物はできるだけ**重量を明示**し、**著しく重心の偏る荷物は、その旨を明示**する。
作業環境管理	・**椅子座面**の高さは、**足裏全体が着く高さ**とする。 ・**立ち作業**の場合、床面が硬い場合は、**クッション性のある作業靴やマットを利用**して衝撃を緩和する。

健康管理	〔健康診断〕 ・**作業に配置する際**及び**その後６か月以内ごとに１回**、定期に実施する。 **〔配置前の健康診断項目〕** ①**既往歴・業務歴**、②**自覚症状**の有無、③脊柱の検査（姿勢異常、脊柱変形等）、④神経学的検査（神経伸展試験、深部腱反射、知覚検査等） **→エックス線検査、負荷心電図検査は含まれない！** **〔定期健康診断項目〕** 上記❶❷を行う。 ①②の結果で、医師が必要と認める場合は③④を追加する。

以上を一読すると、腰痛に関する問題は常識的に判断できるものが多い。そこで、さらにここから**意識して覚えておきたい知識**を抜き出すと、以下のものとなる。

■特に意識しておきたい４つの腰痛予防対策の知識

①**腰部保護ベルトは、個人により効果が異なるため、一律に使用させない。**
②**人力で扱う物の重量について、満 18 歳以上の男子の場合は、体重のおおむね 40%以下**となるように努める。
③**健康診断は、作業に配置する際**及び**その後６か月以内ごとに１回**、定期に実施する。
④**健康診断**について、**エックス線検査、負荷心電図検査は含まれない！**

以上の４点だ。これらは意識して覚えておいて、後は常識的な判断をもってしても対応できる。

「出題」パターンを確認していこう！

では、腰痛予防対策の出題パターンを確認していこう。

●「腰痛予防対策」の出題パターン（一部改題）

①腰部保護ベルトは、重量物取扱い作業に従事する労働者全員に使用させるようにする。（令 4.1 ～ 6 ほか）

②重量物取扱い作業の場合、満 18 歳以上の男性労働者が人力のみで取り扱う物の重量は、体重のおおむね 50％以下となるようにする。（令 4.1 ～ 6 ほか）

③重量物を持ち上げるときには、できるだけ身体を対象物に近づけ、重心を低くするような姿勢をとる。（令 2.7 ～ 12 ほか）

④重量物を取り扱うときは、急激な身体の移動をなくし、前屈やひねり等の不自然な姿勢はとらず、かつ、身体の重心の移動を少なくする等、できるだけ腰部に負担をかけない姿勢で行う。（令 2.7 ～ 12 ほか）

⑤重量物を持ち上げるときは、できるだけ身体を対象物に近づけ、両膝を伸ばしたまま上体を下方に曲げる前屈姿勢を取る。（令元 .7 ～ 12）

⑥立ち作業の場合は、身体を安定に保持するため、床面は弾力性のない硬い素材とし、クッション性のない作業靴を使用する。（令 3.1 ～ 6 ほか）

⑦腰掛け作業の場合の作業姿勢は、椅子に深く腰を掛けて、背もたれで体幹を支え、履物の足裏全体が床に接する姿勢を基本とする。（令 3.1 ～ 6 ほか）

⑧取り扱う物の重量をできるだけ明示し、著しく重心の偏っている荷物は、その旨を明示する。（令 2.7 ～ 12 ほか）

⑨重量物取扱い作業に常時従事する労働者に対しては、当該作業に配置する際及びその後 1 年以内ごとに 1 回、定期に、医師による腰痛の健康診断を行う。（令 4.1 ～ 6 ほか）

⑩腰部に著しい負担のかかる作業に常時従事する労働者に対して、当該作業に配置する際に行う健康診断の項目として、適切でないものは次のうちどれか。（令 5.1 ～ 6 ほか）

（1）既往歴及び業務歴の検査　（2）自覚症状の有無の検査

（3）負荷心電図検査　（4）神経学的検査　（5）脊柱の検査

パターン①の腰部保護ベルトだが、**個人により効果が異なるため、一律に使用させるのではなく**、個人ごとに効果や限界を理解させて、使用の適否を判断することが必要とされる。よって、本問は**誤っている**。例えば、女性労働者の場合、骨盤底への負担を増す場合があるとされているのだ。

パターン①は過去10年間で8回も出題されているよ！

パターン②の人力のみで取り扱う物の重量について、**満18歳以上の男性**の場合は、**体重の40%以下**になるように努めなければならない。50%**ではない**ので、**誤っている**。

パターン③～⑤は、自分が重い物を持つときのことを考えればよい。**パターン③**については、身体を対象物から離して、しかも重心を高くして持ち上げようとすると、とても腰に負担が**かかる**。本問は**正しい**。

そして、**パターン④も正しい**と常識的に判断できるだろうし、**パターン⑤は誤っている**と判断できるはずだ。重量物を持ち上げる際、身体を対象物に近づけるのは**正しい**が、両膝を伸ばしたまま、いわゆる前屈姿勢で持ち上げようとすると、かなり腰に負担が**かかる**。

パターン⑥の立ち作業についても常識的に判断できるはずだ。床面が硬い場合、立っているだけでも腰部への衝撃が大きい。よって、**クッション性のある作業靴やマットを利用して、衝撃を緩和するのがよい**とされ、**誤っている**。

パターン⑦の腰掛け作業の姿勢について、**椅子には深く腰を掛けて、背もたれで体幹を支え、履物の足裏全体が床に接する姿勢が基本**とされている。**正しい**。ちなみに、このパターンは過去10年間で4回出題されている。

パターン⑧も記述のとおりであり**正しい**。思ったよりも物が重かったり、著しく重心が偏っていることで、持ち上げたときにバランスをくずして腰痛を発生させかねない。それを明示しておくということだ。

パターン⑨の腰部に著しい負担のかかる作業に常時従事する労働者に関する健康診断の頻度だが、ここは覚えておかないと判断できない。**当該作業に配置する際及びその後６か月以内ごとに１回**なので、**誤っている**。

パターン⑩の健康診断の項目は、少し細かい知識を問う問題であり、出題年も多くはない。よって、ここまでの出題パターンと比べて出題可能性は低くなるが、念のため確認しておこう。166ページでも触れてあるが、簡単に「エックス線」と「心電図」は**含まれない**！…ということだけでも覚えておこう。よって、**正解は（3）**となる。

以上のように、腰痛予防対策については、常識的に判断できるものが多いので、意識して覚えておくポイントは少ない。しっかり押さえて得点源にしよう。

直前に再チェック！

- 腰部保護ベルトの一律の使用は… ➡**させない！**
  ➡**個人により効果が異なる！**
- 人力で扱う物の重量について、満18歳以上の男子の場合は…
  ➡**体重のおおむね40%以下となるように努める！**
- 健康診断の実施時期は… ➡**①作業に配置する際及び、②その後6か月以内ごとに1回！**
- 健康診断にエックス線検査、負荷心電図検査は… ➡**含まれない！**

攻略パターン26

ゆっくり湧き出る静岡温泉！「出血・止血」のポイント！

「出血・止血」については、出血の種類がよく出題される。そのうち「静脈性出血」は「ゆっくり湧き出る」というフレーズがポイントであり、「にじみ出る」と区別しておくこと。

「静脈性出血」と「直接圧迫法」が特に頻出！

事業場では、労働者が出血を伴う労働災害や事故等が発生する場合もある。このような場合、救急隊員や医師等が到着するまで、衛生管理者はもとより、一般の従業員が心肺蘇生を含め、応急手当を行わなければならないケースもあろう。ここでは、そのような出血を伴う応急・救命手当といった傷病者への対応についての話だ。

そして、試験における「出血・止血」に関する出題は、過去10年間で11回、**直近6年間に限れば8回と出題頻度としては高い**テーマとなっている。出題内容と出題実績をまとめたのが以下の表だ。

■「出血・止血」の出題実績

内　容	件	数	内　容	件	数
生命に危険が及ぶ失血量	5	11	応急手当の止血法	2	7
静脈性出血	3	8	動脈性出血	2	3
その他の出血	2	4	直接圧迫法と間接圧迫法	3	7
止血時の注意	1	7	止血帯を施した後の注意	1	5

※その他：1件3問で合計55問の出題

ここでの「出血・止血」に関する応急手当は、とりあえずの処置でもあり、専門的な知識などがなくても、一般の人でも対応できるものだ。そこで、Study ㊴は出題内容に沿って、応急手当の手順でまとめてある。

■ Study ㊴「出血・止血」に関する知識のポイント

項　目	内　容
人の血液量	・成人男性では、**体重の約 8%（約 13 分の 1）**。 → 20%（5 分の 1）を失うと「**出血性ショック**」。 **→ 30%（3 分の 1）**を失うと「**生命に危険**」。 → 50%（2 分の 1）を失うと「**出血死**」。
出血の種類	**①動脈性出血（鮮紅色）** 傷口から心拍に合わせるように**勢いよく噴き出す**出血。 →止血点を**圧迫**して、止血する。 **②静脈性出血（暗赤色）** 傷口から**ゆっくり**持続的に**湧き出る**ような出血。 →傷口を**圧迫**して、止血する。 **③毛細血管性出血（赤色）** 擦り傷などで傷口から少しずつ**にじみ出る**出血。 →**放置**しておいても止まることが多い。 **④内出血** 体内の血管破裂などで、体外に血液は流出せず、皮下出血、頭蓋内出血､筋肉内出血など起こすもの。**手術**など緊急処置を必要とする。
止血法の種類	**①直接圧迫法** **出血部をガーゼや布などで直接圧迫**する方法。**一般の人が行う応急手当として推奨**されている。**応急手当は「直接圧迫法」が基本である**。 そして、**直接圧迫法で止血できない**場合等は、下記の間接圧迫法や、手足に限っては止血帯法を行う。 止血帯法とは、止血帯 (ネクタイ、ベルト等も代用可) を巻いて緊縛圧迫する方法だが、**細い紐や針金等**で縛ると、筋肉や神経を傷つける可能性があるので**行わない**。 **②間接圧迫法** **直接圧迫法でも止血できない**場合に、**出血部位より心臓に近い部位の動脈を圧迫**する方法で、手足の場合、それぞれの部位の止血点を指で骨に向けて強く圧迫するのがコツ。
止血の注意	**処置者の感染防止**のため、**ビニール手袋を着用したり、ビニール袋を活用**して、**受傷者の血液に直接触れない**ようにする。
止血帯を施した後	受傷者を**医師に引き継ぐまでに 30 分以上かかる場合**は、止血帯を施してから **30 分ごとに 1 ～ 2 分間**、出血部から血液がにじんでくる程度まで**結び目をゆるめる**※。

※現在消防庁は、医療管理下でゆるめるよう推奨している。

以上が「出血・止血」に関する知識のポイントだ。最後に「出血の種類」についてのゴロ合わせを紹介しておこう。

ゴロ合わせ

◆出血の種類について

①静脈性出血

静岡に脈あり

ゆっくり湧き出る温泉

（静脈性出血
ゆっくり湧き出るような出血）

②動脈性出血

どうして脈々と、

勢いよく吹き出す？

（動脈性出血　心拍に合わせるように、
勢いよく噴き出す出血）

③毛細血管性出血

毛ほどの管から、にじみ出る水

（毛細血管性出血　少しずつにじみ出る出血）

上記のゴロ合わせのうち、特に意識したいのは**①の静脈性出血**についての**「ゆっくり湧き出る」**というフレーズである。**③の毛細血管性出血の「にじみ出る」というフレーズと区別**しておくこと。

「出題」パターンを確認していこう！

●「出血・止血」の出題パターン

①体内の全血液量は、体重の約13分の1で、その約3分の1を短時間に失うと生命が危険な状態となる。（令3.1～6ほか）

②体内の全血液量の10分の1程度が急激に失われると、生命が危険な状態となる。（平28.1～6）

③動脈性出血は、鮮紅色を呈する拍動性の出血で、出血量が多いため、早急に、細いゴムひもなどを止血帯として用いて止血する。（令2.1～6ほか）

④静脈性出血は、傷口からゆっくり持続的に湧き出るような出血で、通常、直接圧迫法で止血する。（令2.1～6ほか）

⑤静脈性出血は、擦り傷のときにみられ、傷口から少しずつにじみ出るような出血である。（令3.1～6）

⑥毛細血管性出血は、浅い切り傷のときにみられ、傷口からゆっくり持続的に湧き出るような出血である。（令2.7～12）

⑦内出血は、胸腔（くう）、腹腔などの体腔内や皮下などの軟部組織への出血で、血液が体外に流出しないものである。（令2.1～6ほか）

⑧止血法には、直接圧迫法、間接圧迫法などがあるが、一般人が行う応急手当としては直接圧迫法が推奨されている。（令3.1～6ほか）

⑨止血法には、直接圧迫法、間接圧迫法などがあるが、応急手当としては間接圧迫法が推奨されている。（平27.1～6ほか）

⑩直接圧迫法は、出血部を直接圧迫する方法であり、最も簡単で効果的な方法である。（平29.1～6ほか）

⑪間接圧迫法は、出血部より心臓に近い部位の動脈を圧迫する方法である。（平29.1～6ほか）

⑫止血を行うときは、処置者の感染防止のため、ビニール手袋を着用したりビニール袋を活用したりして、受傷者の血液に直接触れないようにする。（平30.7～12ほか）

⑬止血帯を施した後、受傷者を医師に引き継ぐまでに1時間以上かかる場合には、止血帯を施してから1時間ごとに1～2分間、出血部から血液がにじんでくる程度まで結び目をゆるめる。（令元.1～6ほか）

パターン①と②は「生命に危険」が生じる失血量の話だ。結論から言えば、**「約3分の1（約30%）」を失うと生命の危険**があるので、**パターン①は正しい**。

また、**パターン①**では**体重に対する全血液量**も問われているが、これは**約13分の1**（出題によっては**「約8%」**という場合もある）であり**正しい**。そして、**パターン②は誤っている**。

パターン①と②をあわせて過去10年間で11回も出題されているよ。絶対に間違わないように！

次に**パターン③～⑦は、出血の種類**に関する問題である。まず、**パターン③の動脈性出血**について、「**鮮紅色**を呈する**拍動性**の出血」という部分は**正しい**が、後半の「**細いゴムひも**などを止血帯として用いて」という部分が**誤っている**。**止血帯法を用いる場合、細い紐は使わない**のだ。

パターン④と⑤は静脈性出血についての内容だ。「ゆっくり湧き出る」のか「にじみ出る」のか…というニュアンスの問題だが、ゴロ合わせの「静岡に脈あり　ゆっくり湧き出る温泉（**静脈**性出血　**ゆっくり湧き出る**ような出血）」から、**パターン④が正しい**。また、**静脈性出血の場合の止血方法**も問われているが、**直接圧迫法が基本**なので、この点も**正しい**。

そして、**パターン⑤の「にじみ出るような出血」**は、**毛細血管性**出血の内容であり、**誤っている**。そして、そうであれば、**パターン⑥は毛細血管性出血**の説明として、**誤っている**ということだ。

パターン⑦の内出血については、記述の**とおり**であり**正しい**。

パターン⑧と⑨では、**「直接圧迫法」と「間接圧迫法」のどちらが応急手当として推奨**されているかが問われているが、**直接圧迫法が基本**ということで、**パターン⑧が正しく**、**パターン⑨が誤っている**。

そして、**パターン⑩の直接圧迫法、及び、パターン⑪の間接圧迫法**の記述は**正しい**。間接圧迫法は、手足（四肢）の出血に対して、動脈性の激しい出血が**続く**ときや、**直接圧迫法での止血が困難**な場合に行われる。したがって、**応急手当としては、まず直接圧迫法**を行うのだ。

そして、**パターン⑫は止血を行うときの注意**だが、受傷者の血液等からの感染防止のためには、ビニール・ゴム手袋の利用、それらがない場合は、ビニール袋などを利用して、**直接、血液に触れないよう注意**する。よって、**正しい**。

このパターン⑫は、過去10年間で7回も出題されているよ！

最後の**パターン⑬は、止血帯を施した後の処置**の話だ。

そもそも、**止血帯はできるだけ幅の広いもの**を用いて、止血時間を記録する。そして、**医師に引き継ぐまでに時間がかかる**場合、止血による圧迫部の皮膚や神経を痛める危険を避けるため、**30分ごとに1～2分間**、出血部から血液がにじんでくる程度まで**結び目をゆるめ、血流の再開**を図る。そして、出血が続くようであれば再び緊縛を実施する、といった対応を行う。したがって、**パターン⑬は「1時間ごと」**という部分が**誤っている**。

以上のように「出血・止血」については、ポイントを覚えてしまえば難しい問題ではない。しっかりと押さえて試験には臨んでほしい。

直前に再チェック！

- 成人男性の血液量は、体重の…　➡約**8%**（約**13分の1**）！
- 生命に危険が及ぶ出血量（割合）は…　➡**30%**（**3分の1**）！
- 静脈性出血はどのような出血か？
  ➡傷口から**ゆっくり**持続的に**湧き出る**ような出血。
- 毛細血管性出血はどのような出血か？
  ➡傷口から少しずつ**にじみ出る**出血。
- 一般の人が行う応急手当として推奨されている止血法は…
  ➡**直接**圧迫法！
- 間接圧迫法はどのような止血法か？
  ➡出血部位より心臓に**近い**部位の**動脈**を圧迫する方法！
- 止血を行う場合の注意点は…
  ➡受傷者の**血液**に**直接触れない**ようにする！
- 止血帯法を行う場合、細い紐を使用してもよい？
  ➡筋肉や神経を傷つける可能性があるので**ダメ**！
- 止血帯を施した後、結び目をゆるめるのは…
  ➡受傷者を医師に引き継ぐまでに**30分**以上かかる場合！
  ➡**30分**ごとに1～2分間、結び目をゆるめる！

攻略パターン27

一次救命処置の学習は、ここで終えてしまおう！

「一次救命処置」は頻出のテーマだが、出題内容は易しい。ここで紹介する知識を押さえておけば、試験問題に対応できるので、「一次救命処置」の学習はここで終えてしまおう！

常識的に判断できる問題が多し！

前のテーマに続き、ここでも応急処置の話だが、いわゆる**心臓マッサージ（胸骨圧迫）や人工呼吸**の話がメインとなる。人の命にかかわる重要なテーマゆえ、**過去 10 年間で 80 回の出題と頻出**のテーマだが、**出題内容の範囲は狭く**、要点を押さえていれば難しい話ではない。出題実績をまとめた表が以下のものである。

過去 10 年間で 80 問も出題されているよ！
だけど、出題内容は、実質的に以下の１～６の６つ分だ！

■一次救命処置の出題パターン

項　目	パターン数	問題数
1. 反応の確認	9	15
2. 経過観察	4	6
3. 頭部後屈顎先挙上法	2	9
4. 口対口人工呼吸の 1 回吹込み	5	9
5. 胸骨圧迫と人工呼吸	7	26
6. AED を用いたとき	3	14
7. その他	1	1
合　計	31	80

試験対策は、次ページの **Study ㊵**を押さえれば十分だ。なお、この内容は、日本蘇生協議会の「JRC 蘇生ガイドライン 2020」に沿うものである。

■ Study ㊵ 一次救命処置（BLS）のポイント

<table>
<tr><th>項　目</th><th>内　容</th></tr>
<tr><td>傷病者の発見</td><td>〔反応等の確認〕
①周囲の安全を確認する。
②傷病者の肩をたたき、大声で呼びかける。
③反応がなければ、大声で周囲の注意を喚起する。
④周囲に人がいれば、119 番通報、AED の手配を依頼する。

〔呼吸の確認〕
⑤胸と腹部の動きで呼吸を観察する。
→この確認に 10 秒以上はかけない。

〔呼吸がない又は死戦期呼吸※1 の場合〕
判断に自信がなかったとしても、心停止とみなし胸骨圧迫を開始する。
※1 しゃくりあげるような不規則な呼吸のこと。

〔普段通りの呼吸がある場合〕
• 回復体位をとり、安静にする。
• 嘔吐等による閉塞を防ぐために気道確保（顎を上げ、頭を後ろに反らす※2）を行う。
※2 のどの奥を広げ、空気の通りを確保すること。頭部後屈顎先挙上法という。
• 呼吸の観察を継続して救急隊の到着を待つ。
• 呼吸がなくなった場合は、直ちに胸骨圧迫を開始。</td></tr>
<tr><td>胸骨圧迫の開始</td><td>〔胸骨圧迫の方法〕
• 胸骨の下半分を圧迫する。
• 強さは、約 5cm 沈む程度。
• 速さ（テンポ）は、1 分間 100 ～ 120 回。
• 絶え間なく（中断を最小に）行う。

〔人工呼吸と組み合わせる場合〕
→人工呼吸の技術と意思がある場合が前提であり、胸骨圧迫のみでもよい。
• 胸骨圧迫 30 回に対して、人工呼吸 2 回を繰り返す。
• 1 回の吹き込み時間は、約 1 秒間。</td></tr>
</table>

AEDの到着	• AEDの音声メッセージに従う。AEDにより**電気ショックが不要と判断**された場合は、**直ちに胸骨圧迫を再開**する。 • 電気ショック後も、直ちに胸骨圧迫を再開する。

以上が「一次救命処置」のポイントだ。赤字部分を意識しつつ、上記の流れを押さえれば試験対策としては十分である。では、この知識でどれだけ問題が解けるのか、出題パターンを確認していこう。

「出題」パターンを確認していこう！

では、「一次救命処置」の出題パターンを確認していこう。

●「一次救命処置」の出題パターン

①口対口人工呼吸は、傷病者の鼻をつまみ、1回の吹き込みに3秒以上かけて傷病者の胸の盛り上がりが見える程度まで吹き込む。（令2.7～12ほか）

②心肺蘇生は、胸骨圧迫のみではなく、必ず胸骨圧迫と人工呼吸を組み合わせて行う。（令2.1～6）

③胸骨圧迫は、胸が約5cm沈む強さで胸骨の下半分を圧迫し、1分間に少なくとも60回のテンポで行う。（令2.1～6）

④人工呼吸が可能な場合、心肺蘇（そ）生は、胸骨圧迫30回に人工呼吸2回を繰り返して行う。（令元.1～6ほか）

⑤周囲に協力者がいる場合は、119番通報やAED（自動体外式除細動器）の手配を依頼する。（平30.7～12ほか）

⑥傷病者の反応がない場合は、その場で大声で叫んで周囲の注意を喚起し、協力者を確保する。（平30.7～12ほか）

⑦傷病者に反応がある場合は、回復体位をとらせて安静にして、経過を観察する。（令2.7～12ほか）

⑧呼吸を確認して普段どおりの息（正常な呼吸）がない場合や約1分間観察しても判断できない場合は、心肺停止とみなし、心肺蘇(そ)生を開始する。（令2.1～6）

⑨気道を確保するためには、仰向けに寝かせた傷病者の顔を横から見る位置に座り、片手で傷病者の額を押さえながら、もう一方の手の指先を傷病者のあごの先端に当てて持ち上げる。（平27.1～6ほか）

⑩AED（自動体外式除細動器）による心電図の自動解析の結果、「ショックは不要です」などのメッセージが流れた場合には、すぐに胸骨圧迫を再開し心肺蘇(そ)生を続ける。（令2.7～12ほか）

パターン①は「口対口人工呼吸」の**1回吹き込みにかける時間と吹込み量**の話だ。**吹込み量は正しいが、時間は「約1秒」であり誤っている**。

ちなみに、この1回の吹き込みにかける時間については、過去10年間において**「3秒以上」という形で2回、「約3秒」という形で6回も出題**されている。どちらにせよ正しいのは「**約1秒**」であり、**誤っている**出題パターンだ。

なお、新型コロナウイルス感染症が流行している状況では、すべての傷病者は感染の疑いがあるものとして対応することになっているよ。ここでの問題・解説は平時での対応が前提となっています。

パターン②は胸骨圧迫と人工呼吸の組み合わせについて問われている。この点、ガイドラインでは、**人工呼吸は技術と意思のある場合に胸骨圧迫と組み合わせる**こととされており、その**技術と意思のない場合は、胸骨圧迫だけの実施を推奨**している。よって、「必ず」組み合わせて行うとしている点で**誤っている**。

パターン③は胸骨圧迫の方法の話だ。**前半は正しい**が、**1分間で行うテンポについては、1分間あたり100～120回**とされているので、**誤っている**。

パターン④も胸骨圧迫の方法であり、**胸骨圧迫 30 回に人工呼吸 2 回の繰り返しは正しい**。ちなみに、この出題パターンは過去 10 年間で 6 回も出題されている。

パターン⑤～⑧は一次救命処置の初動対応に関する内容だ。出題パターン数はあわせて 21 問と多いが、**常識的に判断できる問題が多い**ので対応できると思う。この辺は 178 ページの Study ㊵で触れた内容なので簡単に済ませるが、**パターン⑤～⑦はいずれも正しい**。ちなみに、**パターン⑦の回復体位**とは以下の図のような姿勢だ。

パターン⑧の呼吸の確認について、呼吸の確認は「**10 秒以上**かけない」とされており**誤っている**。

パターン⑨の気道確保については、「**顎を持ち上げ、頭**は**後ろに反らす**」という頭部後屈顎先挙上法で行うので**正しい**。以下の図のような方法だ。

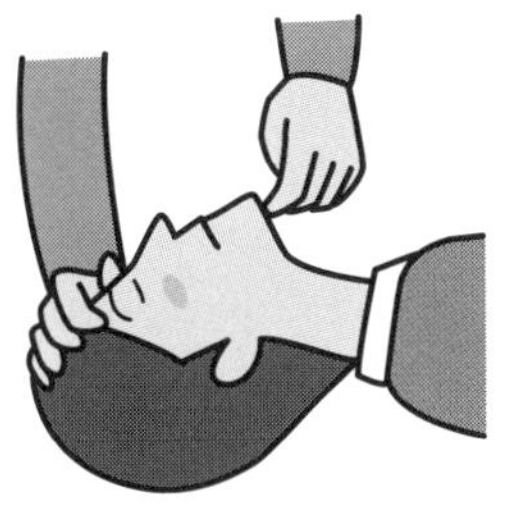

最後の**パターン⑩はAEDでの対応**だ。AEDを稼働すると、まずはいわゆる電気ショックの要否を判断してくれる。そして、AEDから流れるメッセージに従い、**電気ショックが不要であれば、直ちに胸骨圧迫を再開**すべきなので**正しい**。

パターン⑩は過去10年間で9回も出題されているよ。
絶対に間違わないように！

以上のように、一次救命処置も簡単な問題が多いので、しっかり押さえて得点源にしよう。

直前に再チェック！

- 呼吸の確認にかける時間は… ➡**10秒以上はかけない！**
- 普段通りの呼吸がある場合は… ➡**回復体位**をとり、**安静**にする。
  ➡そして、気道確保（**顎を上げ**、**頭を後ろ**に反らす）を行う。

- 胸骨圧迫の方法は… ➡①胸骨の**下半分**を圧迫する。
  ➡②強さは、約**5cm**沈む程度。
  ➡③速さ（テンポ）は、1分間**100～120**回。

- 胸骨圧迫は、人工呼吸と組み合わせなければならないか？
  ➡2つの組み合わせは、人工呼吸の**技術**と**意思**がある場合が前提！
  ➡胸骨圧迫**のみでもよい**！

- 人工呼吸の1回の吹き込み時間は… ➡**約1秒間**！

攻略パターン28

新ガイドラインが出題されはじめた情報機器作業！

「情報機器作業」については、令和元年に出題の素材となるガイドラインが改正された。その新しいガイドラインからの出題が始まっているので、ここでポイントを紹介する！

令和元年７月に見直されたガイドライン！

「情報機器作業」は、従来はVDT作業と呼ばれていたものだが、令和元年7月に「情報機器作業における労働衛生管理のためのガイドライン」(以下「ガイドライン」とする)が見直され、名称も変更された。情報技術の発達に伴い、職場の作業形態が多様化し、新しい働き方に対応したものだ。

旧ガイドラインとの主な違いは、**作業区分を①１日４時間以上又は相当の拘束性のあるもの（全てが健診対象)、②それ以外（4時間未満）の作業（自覚症状のある者が健診対象)** に分けたことだが、基本的に**各種基準は従来のものを引き継いでいる**。

そして、令和２年７～12月実施分から新ガイドラインでの出題がされはじめたので、ここでポイントを解説しておこう。

■情報機器作業の出題実績

項　目	パターン数	出題数
1. 書類上及びキーボード上の照度	3	8
2. ディスプレイ画面視距離と画面の高さ	4	9
3. ディスプレイ画面上の照度	2	7
4. 作業時間と休憩時間	4	7
5. 健康診断関係	5	8
6. 健康診断の対象	1	2
7. グレア防止の照明	3	4
合　計	22	45

前ページの表では、新ガイドラインでの出題数までは表していないが、従来の問題と変わらない内容が繰り返し出題されている。ということで、押さえておきたい知識をまとめたのが以下の**Study ㊶**だ。

■ Study ㊶「情報機器作業」のポイント

項　目	内　容	基準値
ディスプレイ周り	ディスプレイを用いる場合の書類上・キーボード上の照度	**300** ルクス**以上**
	ディスプレイの視距離	**40cm** 程度
	ディスプレイの上端の高さ	眼と**同じ**か、**やや下**
	ディスプレイの表示文字	3mm 以上
	グレア（眩しさ）の防止方法	間接照明や反射防止型ディスプレイを用いたり、**画面の位置や傾き、左右の向きの調整**などを行う。
作業時間	一連続の作業時間	**1 時間を超えないようにする**
	休止時間（次の連続作業開始まで）	**10 ～ 15** 分
	一連続作業中の休止回数	**1 ～ 2** 回程度
健康診断	一般定期健診と併用できるか？	**できる**
	検査項目（5 項目）	①業務歴、②既往歴 ③自覚症状の有無 ④**眼科学的検査**（視力、調節機能） ⑤**筋骨格系**検査（上肢の運動機能）
	対象となる労働者 ①作業時間 4 時間以上 ②作業時間 4 時間未満	①**作業者全員** ②**自覚症状のある者**

以上が「情報機器作業」のポイントだ。次ページで、ディスプレイ周りのゴロ合わせを紹介して、出題パターンの確認をしていこう。

ゴロ合わせ

ディスプレイを用いよ！
（ディスプレイを用いる場合）

希望の歌が、300 曲以上！
（書類・キーボード上の照度は、
300 ルクス以上）

「出題」パターンを確認していこう！

では、「情報機器作業」の出題パターンを確認していこう。以下の問題では、過去に旧ガイドラインに沿って出題された「VDT」という部分は「情報機器」に改題している。

●「情報機器作業」の出題パターン（一部改題）

①ディスプレイを用いる場合の書類上・キーボード上の照度は、200 ルクス程度としている。（令元.1 ～ 6）
②ディスプレイを用いる場合の書類上及びキーボード上における照度は、300 ルクス以上となるようにしている。（令 2.7 ～ 12 ほか）
③情報機器作業については、一連続作業時間が 1 時間を超えないようにし、次の連続作業までの間に 10 ～ 15 分の作業休止時間を設け、かつ、一連続作業時間内において 1 ～ 2 回程度の小休止を設けるようにする。（平 30.7 ～ 12 ほか）
④ディスプレイは、おおむね 40cm 以上の視距離が確保できるようにし、画面の上端が眼と同じ高さか、やや下になるようにする。（平 30.7 ～ 12 ほか）

⑤情報機器作業従事者に対する特殊健康診断の検査項目は、眼疲労を中心とする「自覚症状の有無の検査」及び視力、調節機能等の「眼科学的検査」の２項目である。（平 26.1 〜 6 ほか）
⑥情報機器作業健康診断では、視力検査などの眼科学的検査のほか、上肢の運動機能などの筋骨格系に関する検査も行っている。（令元 .1 〜 6）
⑦１日の情報機器作業の作業時間が４時間未満である労働者については、自覚症状を訴える者についてのみ、情報機器作業に係る定期健康診断の対象としている。（令 3.1 〜 6 ほか）
⑧ディスプレイ画面の位置、前後の傾き、左右の向き等を調整してグレアを防止している。（令 3.1 〜 6 ほか）

パターン①は「ディスプレイを用いる場合の書類上･キーボード上の照度」が問われている。これは「ディスプレイを用いよ！（**ディスプレイを用いる場合**）希望の歌が、300 曲以上！（書類上・**キーボード**上の照度は、**300** ルクス**以上**）」から**誤っている**。「200 ルクス程度」と少しあいまいな問題文だが、少なくとも **300** ルクス**以上**ではない。

パターン②は「ディスプレイを用いる場合の書類上及びキーボード上における照度」だ。これは「希望の歌が、300 曲以上！（書類・**キーボード**上の照度は、**300** ルクス**以上**）」ということで、**正しい**。

このパターン②は、過去 10 年間で６回も出題されているよ！

パターン③は「作業時間」や「休止時間」の話だ。これは 184 ページの **Study ㊶**から**正しい**。情報機器作業は、**一連続作業時間が１時間を超えない**ようにし、**次の連続作業までの間に 10 〜 15 分の作業休止時間**を設ける。そして、**一連続作業時間内において１〜２回程度の小休止**を設けるように

する。

パターン③は、過去10年間で4回出題されているので、これも間違えないようにね！

パターン④はディスプレイまでの視距離等の問題だ。これも184ページのStudy ㊶から**正しい**。なお、この**パターン④**は過去10年間で5回の出題だ。

パターン⑤と⑥は、情報機器作業に関する健康診断の検査項目の話だ。まずは**パターン⑤**について、184ページのStudy ㊶の項目を見ると、健康診断は2項目しかないだろうか。そんなことはなく、**正しくは5項目**があるので**誤っている**。

そして、**パターン⑥**は184ページのStudy ㊶から**正しい**ことがわかるはずなので、確認してほしい。

パターン⑦は、新ガイドラインになって出題された初めての問題だ。冒頭でも触れたが、主に**新ガイドラインで変わった点**は、1日の作業時間による**健康診断の対象者の区分**である。

具体的には、情報機器作業に係る定期健康診断では、**作業時間「4時間以上」の者は全員が対象**となり、**「4時間未満」の者は、自覚症状を訴える者のみが対象**となる。よって、本問は**正しい**。

このパターン⑦は、令和2年7月～12月実施分で初めて出題され、2回連続で出題されている。今後も出題が予想されるよ！

最後の**パターン⑧**は、**グレア（眩しさ）防止**の話である。グレア防止については、間接照明を用いることや反射防止型ディスプレイを選択するなどの対応策がある。また、本問のように**画面の位置や傾き、左右の向きの調整なども大事な対応手段になる**ので、**正しい**。

以上のように、「情報機器作業」については新ガイドラインに基づいた問題が出題されはじめているので、ここで紹介した話は押さえておこう。

直前に再チェック！

- ディスプレイからの視距離は… **➡ 40cm 程度！**
- ディスプレイの上端の高さは… **➡眼と同じか、やや下！**
- ディスプレイを用いる場合の書類上・キーボード上の照度は… **➡ 300 ルクス以上！**
- 情報機器作業の一連続作業時間は… **➡ 1 時間を超えない**ようにする！
- 情報機器作業の休止時間は… **➡ 10 ～ 15 分！**
- 一連続作業中の休止回数は… **➡ 1 ～ 2 回程度！**
- 情報機器作業に関する健康診断の検査項目数は… **➡ 5 項目！**
- 情報機器作業に関する健康診断の検査項目には、眼科学的検査のみならず、筋骨格系検査もある？ **➡ある！**
- 情報機器作業に関する健康診断の対象となる労働者について、1 日の作業時間 4 時間以上の者は… **➡全員**が対象！
- では、1 日の作業時間 4 時間未満の者は… **➡自覚症状**のある者のみ！

攻略パターン 29

ゴロ合わせで撃破！食中毒とウイルスに負けるな！

「食中毒・ウイルス」については、覚えることがたくさんありそうに見える。しかし、10個の細菌等のポイントを押さえれば勝てる！

10個の細菌等の知識で十二分に勝負できる！

2020年から世界中に蔓延した新型コロナウイルスによって、人々はかき乱されている。新しい生活様式が求められ、意識の改革も突きつけられた数年といえよう。

ともかく、農林水産物を取り扱う事業者をはじめとして、製造、加工、調理、販売等で食品を取り扱う施設等においては、細菌・ウイルス等へ注意を払い、食中毒を起こさないための施設・設備の衛生管理、食品の衛生的な取扱い・管理が重要だ。衛生管理者は、食品衛生責任者等と食品取扱従事者の安全衛生教育などを通して食中毒予防対策、施設・設備の衛生管理にかかわりを持つことが求められている。

■食中毒・ウイルスの出題実績

項　目	パターン数	問題数	占有率
1. 毒素型・感染型の細菌分類	9	25	31%
2. 各細菌の特徴など	10	31	39%
3. ノロウイルスの特徴や症状	7	11	14%
4. O-157、O-111の特徴など	3	8	10%
5. 毒素について	1	2	3%
6. その他（ヒスタミン）	2	3	4%
合　計	32	80	－

食中毒の原因となる細菌は、感染型と毒素型に分けられる。それらをさらに**細菌別**に分けた出題内容をみると、以下のようになる。

■細菌別の出題内容

細菌名	出題数	出題内容
サルモネラ菌	18	感染型か毒素型か。発生原因。症状。
ボツリヌス菌	17	感染型か毒素型か。原因食品。特徴。
腸炎ビブリオ	10	感染型か毒素型か。特徴。
黄色ブドウ球菌	13	感染型か毒素型か。特徴。
カンピロバクター	8	感染型か否か。症状。特徴。
セレウス菌	6	感染型か毒素型か。特徴。
腸管出血性大腸菌 O-157、O-111	9	特徴、症状。潜伏期間。※どちらの型かは問われていない。
ウェルシュ菌	3	感染型か否か。

要するに、**細菌については上記８種類（の型）**を覚えれば、試験にはまず対応できる。これに**ノロウイルスと自然毒のテトロドトキシンの２つを加えて、合計 10 種類の細菌等を押さえる**ことで、**食中毒とウイルスに関する問題は攻略できる**のだ。

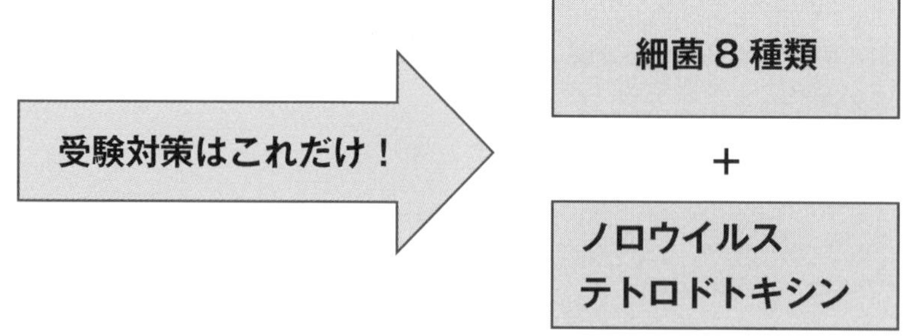

では、これらのポイントとなる **Study** を紹介しよう。

■ Study ㊷「感染型」の細菌について

細菌名	原因・特徴	症状・潜伏期間
腸炎ビブリオ（病原性好塩菌）	魚介類（すし・刺身） 海水に生息 熱・真水に**弱い**	下痢・激しい腹痛 8～24時間
サルモネラ菌	**肉**・**卵**類 低温・乾燥に**強い**	下痢・腹痛 6～72時間
ウェルシュ菌	カレー等の大量製造加熱食品 熱に**強い**	下痢・腹部膨満感 6～18時間
カンピロバクター	飲料水・加熱が不十分な**鶏肉** 熱・乾燥に**弱い**	下痢・発熱・腹痛 2～7日
腸管出血性大腸菌（O-157、O-111）	生肉・生野菜 感染してから、人の腸内で赤痢菌と類似の**ベロ毒素**を産生	腹痛、**出血**を伴う 下痢、発熱 3～5日

■ Study ㊸「毒素型」の細菌について

細菌名	原因・特徴	症状・潜伏期間
黄色ブドウ球菌	弁当等の加工食品 熱に非常に**強い** **エンテロトキシン毒素を産生**	嘔吐・下痢 1～3時間
ボツリヌス菌	真空包装食品 熱に**強い**が**120℃**で失活 嫌気性菌（**酸素**で生存不可能） ボツリヌストキシン毒素を産生	**神経毒**、嘔吐 高致死率 8～36時間
セレウス菌	焼飯類・農作物原料 熱に強い	嘔吐・下痢 1～6時間

感染型と毒素型の違いとしては、**食物に付着した細菌そのものの感染**により起こるのが**感染型、食品中で細菌が増殖した際に生じる毒素**により発症するのが**毒素型**と覚えておこう。

■ Study ㊹ ウイルスと自然毒

名	原因・特徴	症状・潜伏期間
ノロウイルス（ウイルス性）	生カキ・二枚貝・調理済み食品 経口感染・**人の腸内**で増殖 **冬季**に発生 **エタノールや逆性石鹸では、効果が薄い。次亜塩素酸ナトリウム等の塩素系漂白剤が有効**	**胃腸炎**、**嘔吐**、下痢 **1～2日**
テトロドトキシン（自然毒）	フグ 致死性毒	**麻痺**・呼吸困難 20分～3時間

難しくは考えず、**「感染型」と「毒素型」を分けて覚えて（O-157、O-111は除く）**、あとは表の赤字部分が押さえられていればよい。まずは、**「感染型」と「毒素型」**のゴロ合わせを紹介する。

ゴロ合わせ

◆感染型の細菌（覚えたい4つ）

完全試合ウェルカム！
（感染型のウェルシュ菌）

サルもバク転、超演出！
（サルモネラ菌、カンピロバクター、腸炎ビブリオ）

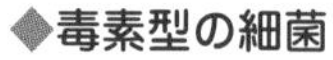

◆毒素型の細菌

独走セレ・ブが
（毒素型のセレウス菌、黄色ブドウ球菌）

ボーナス！
（ボツリヌス菌）

次に、**各細菌等の特徴**をゴロ合わせにしてみた。

ゴロ合わせ

◆腸炎ビブリオ

超エンブン好きな、マミーに弱い
（腸炎ビブリオ、病原性好塩菌、真水に弱い）

◆黄色ブドウ球菌

ブドウを演じよ、熱く強く！
（黄色ブドウ球菌、エンテロトキシン、熱に強い）

◆ボツリヌス菌

ポツリとつぶやく「ね～今日、神経図太いね」
（ボツリヌス菌、熱に強い、神経毒）

◆ O-157、O-111

オー！ 赤いベロを出す！
（O-157、O-111 は、赤痢菌と類似のベロ毒素）

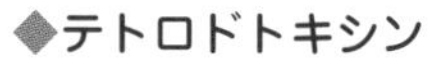
◆テトロドトキシン

手がドロドロ、不具合だ！
（テトロドトキシン、フグ毒）

　では、あとは実際の出題パターンを見ながら、ここまでの表とゴロ合わせをどう使うかを確認していこう。

●「食中毒・ウイルス」の出題パターン

①毒素型食中毒は、食物に付着した細菌により産生された毒素によって起こる食中毒で、サルモネラ菌によるものがある。（令 3.7 〜 12 ほか）

②毒素型食中毒は、食物に付着した細菌が増殖する際に産生した毒素によって起こる食中毒で、腸炎ビブリオ菌などによるものがある。（平 29.1 〜 6 ほか）

③感染型食中毒は、食物に付着した細菌そのものの感染によって起こる食中毒で、黄色ブドウ球菌によるものがある。（令 3.7 〜 12 ほか）

④セレウス菌及びカンピロバクターは、いずれも細菌性食中毒の原因菌である。（令 2.7 〜 12）

⑤細菌性食中毒の原因菌のうち、病原性好塩菌ともいわれるものは、次のうちどれか。（平 29.7 〜 12 ほか）

（1）黄色ブドウ球菌　（2）ボツリヌス菌　（3）サルモネラ菌

（4）腸炎ビブリオ　（5）カンピロバクター

⑥腸炎ビブリオを原因菌とする食中毒に関する次の記述のうち、誤っているものはどれか。（平 22.7 〜 12）

（1）原因食品は、主に海産の魚介類である。

（2）潜伏期は、概ね 10 〜 20 時間である。

（3）原因菌の作用のしかたは、感染型である。

（4）症状は、胃痙攣（けいれん）様の腹痛、水様下痢（り）などである。

（5）原因菌は、エンテロトキシン毒素を産生する。

⑦ボツリヌス菌による毒素は、神経毒である。（令 3.1 〜 6 ほか）

⑧ボツリヌス菌は、缶詰や真空パックなど酸素のない密封食品中でも増殖するが、熱には弱く、60℃、10 分程度の加熱で殺菌することができる。（令 5.1 〜 6 ほか）

⑨サルモネラ菌による食中毒は、食品に付着した細菌が食品中で増殖した際に生じる毒素により発症する。（令 3.1 〜 6 ほか）

⑩ O -157 や O -111 による食中毒は、赤痢菌の毒素と類似の毒素を産生す

る大腸菌による食中毒で、腹痛、出血を伴う水様性の下痢などの症状を呈する。（平 25.7 ～ 12 ほか）

⑪ノロウイルスによる食中毒に関する次の記述のうち、正しいものはどれか。（平 27.1 ～ 6 ほか）

（1）食品に付着したウイルスが食品中で増殖し、ウイルスが産生した毒素により発症する。

（2）ウイルスの失活化には、エタノールや逆性石鹸（けん）はあまり効果がない。

（3）潜伏期間は、一般に、3 ～ 5 時間である。

（4）発生時期は、夏季が多い。

（5）症状は、筋肉の麻痺（ひ）などの神経症状が特徴である。

⑫エンテロトキシンは、フグ毒の主成分で、手足のしびれや呼吸麻痺（ひ）を起こす。（令 5.1 ～ 6）

⑬カンピロバクターは、カビの産生する毒素で、腹痛や下痢を起こす。（令 5.1 ～ 6）

⑭赤身魚などに含まれるヒスチジンが細菌により分解されて生成されるヒスタミンは、加熱調理によって分解する。（令 5.1 ～ 6 ほか）

パターン①～③は、各種細菌が**感染型か毒素型か**という問題だ。この点について 2 つのゴロ合わせを紹介したが、どちらか一方を覚えておき、それに含まれないものは、もう一方の型という覚え方でもよい。

例えば、**「完全試合ウェルカム！（感染型のウェルシュ菌） サルもバク転、超演出！（サルモネラ菌、カンピロバクター、腸炎ビブリオ）」**ということで、**感染型はこれら 4 つの細菌**を覚えておけばよい。

すると、**パターン①**は、**サルモネラ菌を「毒素型」**としている点で、**パターン②**は、**腸炎ビブリオを「毒素型」**としている点で、**パターン③**は、**黄色ブドウ球菌を「感染型」**としている点で**誤っている**のだ。

パターン④は、**セレウス菌及びカンピロバクターはともに「細菌」**であり、**正しい**。**試験対策上、細菌ではないウイルスはノロウイルス、自然毒はテトロドトキシンの2つだけ**を押さえておけばよい。

パターン⑤は「好塩菌」という部分でピンとくると思う。**「超エンブン好きな、マミーに弱い（腸炎ビブリオ、病原性好塩菌、真水に弱い）」**ということで、**(4) が正解**だ。

パターン⑥も同じく腸炎ビブリオについての特徴を問う問題だが、上にあるとおり、**腸炎ビブリオは病原性好塩菌**であり、**エンテロトキシンを産生しない**ので、**(5) が誤っており、正解**となる。

「ブドウを演じよ」で、エンテロトキシンを産生するのは、**黄色ブドウ球菌**だよ。

パターン⑦は、**「ポツリとつぶやく『ね～今日、神経図太いね』（ボツリヌス菌、熱に強い、神経毒）」**ということで、**正しい**。そして、**パターン⑧**も同じゴロ合わせから、**ボツリヌス菌は熱に強いので、誤っている**ことがわかる。

パターン⑨は、サルモネラ菌の特徴を問う問題だ。サルモネラ菌は感染型の原因菌だが、**感染型は「食物に付着した細菌そのものの感染」**により発症するので、**誤り**となる。なお、**「細菌が食品中で増殖した際に生じる毒素**により**発症**する」のは**毒素型**だ。

このパターン⑨では、問題文の「毒素により発症」という点に違和感を感じられれば解けるんだ。

パターン⑩のO-157やO-111による食中毒は、**「オー！ 赤いベロを出す！（O-157、O-111は、赤痢菌と類似のベロ毒素）」**ということで、**本問前半部分は正しい**。そして、そもそもO-157やO-111は、**腸管出血性大腸菌**とも呼ばれるもので、**症状として出血を伴う下痢があるので、後半部分も正しい**。

パターン⑪はノロウイルスの特徴に関する問題だ。これは**192ページのStudy ㊹**から判断できる。

まず、**(1)** について、ノロウイルスは**食品中で増殖しない**ので、**誤っている。**
(2) について、ノロウイルスには、**逆性石けんやエタノールは効果が薄く、次亜塩素酸ナトリウム等の塩素系漂白剤が有効**とされているので、これが**正しい**。

(3) の潜伏期間は、一般的に**1～2日**とされ、3～5時間**ではない**ので、**誤っている**。**(4) の発生時期**は、**冬季**が多いのが一般的だ。

そして、**(5) の症状**だが、**神経症状はフグなどのテトロドトキシンが原因**であり、**誤っている**。**ノロウイルスの主な症状は、胃腸炎や嘔吐、下痢だ**。

ノロウイルスについては、パターン⑪のように独立の問題として出題されることがあるので、本問の内容は押さえておきたいね。

パターン⑫はエンテロトキシンに関する問題だが、これは、**「ブドウを演じよ（黄色ブドウ球菌、エンテロトキシン）」**ということで、エンテロトキシン毒素は**黄色ブドウ球菌が産生**するものだ。**フグ毒**の主成分としているが、**フグ毒はテトロドトキシン**の話で、**誤っている**。そこで、前述の**パターン⑥**の（5）についても、「**ブドウを演じよ**」のゴロ合わせで、**腸炎ビブリオは誤り**と判断することが可能だろう。

パターン⑬はカンピロバクターに関する問題だ。問題は「カビの産生する毒素」としているが、**「完全試合ウェルカム！（感染型のウェルシュ菌）サルもバク転、超演出！（サルモネラ菌、カンピロバクター、腸炎ビブリオ）」**というゴロ合わせから、**カンピロバクターは感染型**の**細菌**なので、**誤っている**。

最後のパターン⑭のヒスタミンだが、頻出度は上位の部類にあり、ここで追加知識として覚えてもらいたい。

ヒスタミンは、**魚類（赤身魚）やその加工品を食べることで発症**するアレルギー様の食中毒を引き起こす物質であり、**熱に強く、調理程度の加熱では分解できない**。よって、本問は**誤っている**。

直前に再チェック！

①「感染型」の覚えておきたい４つの細菌は…
　➡**ウェルシュ菌、サルモネラ菌、カンピロバクター、腸炎ビブリオ！**

②「毒素型」の３つの細菌は…
　➡**セレウス菌、黄色ブドウ球菌、ボツリヌス菌！**

③ノロウイルスの発生時期、潜伏期間は…　➡**冬季に多い、１～２日！**

④ノロウイルスの失活に有効な薬剤は…
　➡次亜**塩素**酸ナトリウム等の**塩素**系漂白剤！

Part. 5
労働生理のパターン攻略

攻略パターン30

生活も試験対策も、自律神経が大事！

労働生理の科目において「神経系」は毎回出題される頻出テーマだ。特に「自律神経」を押さえていれば、攻略可能性が上がる。

「自律神経」は、「交感神経」＋「副交感神経」！

ここからは**「労働生理」**の科目の話に入る。労働生理においては、人の身体に関する様々な知識が問われる。衛生管理者は、労働者の健康保持に努めなければならないが、そのためには人の身体に関する知識が必要ということだ。

そこで、まずは**「神経系」**に関する解説から始めよう。神経系の出題実績は以下のとおりであり、過去10年間における出題数は70だ。とりわけ、**「1. 自律神経」と、その構成要素である「2. 交感神経と副交感神経」**に関する出題が多く、これらを合わせると**占有率は50%に迫る。**世の中では自律神経を整える本が売れているようだが、普段の生活においても、試験対策上においても自律神経は大事ということだ。

■神経系の出題実績

項　目	パターン数	問題数	占有率
1. 自律神経	2	8	11%
2. 交感神経と副交感神経	6	26	37%
3. 体性神経	2	8	11%
4. 中枢神経	2	5	7%
5. 神経細胞（ニューロン等）	2	10	14%
6. 大脳	4	10	14%
7. その他	3	3	4%
合　計	21	70	－

■ Study ㊺ 神経系のポイント 1

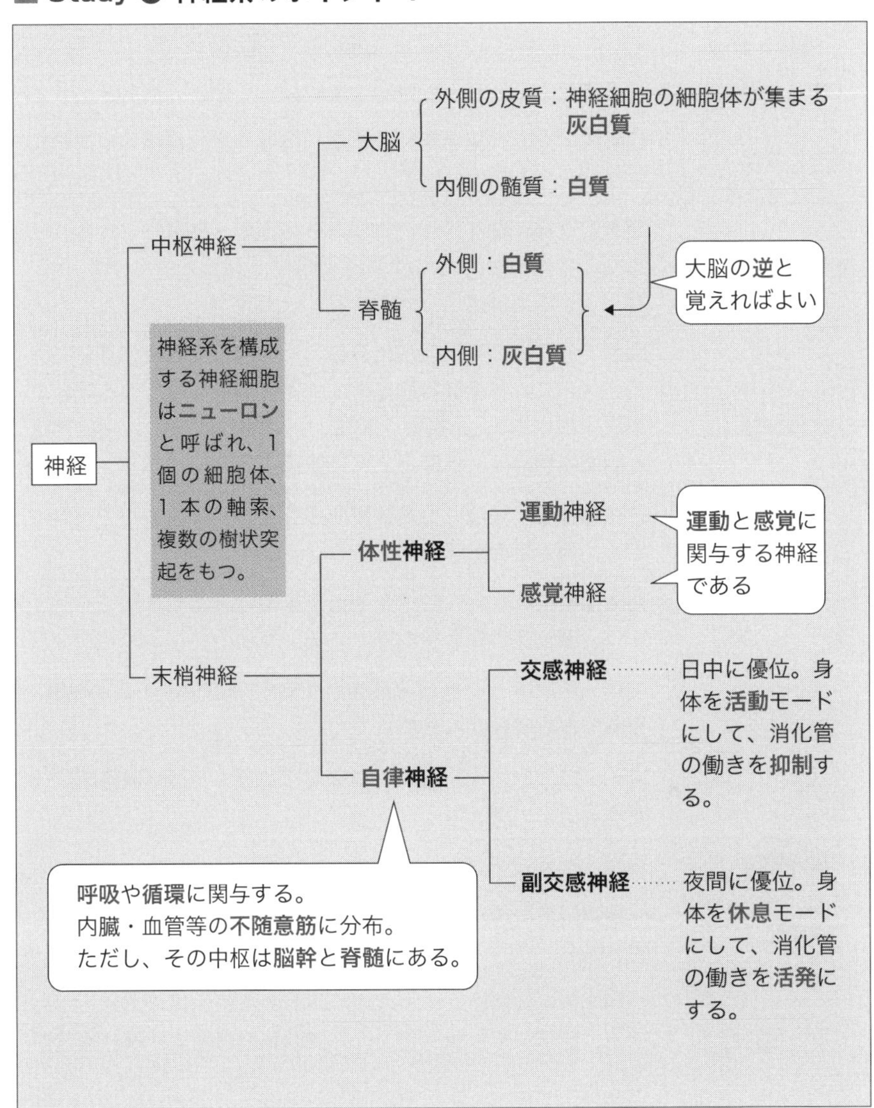
神経
中枢神経
大脳
外側の皮質：神経細胞の細胞体が集まる灰白質
内側の髄質：白質
脊髄
外側：白質
内側：灰白質
大脳の逆と覚えればよい
神経系を構成する神経細胞はニューロンと呼ばれ、1個の細胞体、1本の軸索、複数の樹状突起をもつ。
末梢神経
体性神経
運動神経
感覚神経
運動と感覚に関与する神経である
自律神経
交感神経
日中に優位。身体を活動モードにして、消化管の働きを抑制する。
副交感神経
夜間に優位。身体を休息モードにして、消化管の働きを活発にする。
呼吸や循環に関与する。
内臓・血管等の不随意筋に分布。
ただし、その中枢は脳幹と脊髄にある。

上記の神経区分と特色を押さえれば、神経系の問題には十分対応できる内容となっており、これが知識の中心となる。さらに重複する部分はあるが、この図の補足として本試験に直結する内容も次ページの **Study ㊻**にまとめておく。

■ Study ㊻ 神経系のポイント２

項　目	内　容
①**中枢神経**	**脳**と**脊髄**から成り、受け取った情報を処理して指令を出す。
②**末梢神経**	中枢神経からの指令を仲介する。**体性**神経と**自律**神経に分類される。
③**体性神経**	**感覚と運動に関与**する。外部からの情報（興奮）を中枢に伝達する**感覚神経**と、中枢に起きた興奮を体の末梢部に命令（伝達）する**運動神経**に分類される。
④**自律神経**	**内臓・血管等の不随意筋に分布**し、**中枢は脳幹及び脊髄**にある。さらに、生命維持機能の中枢は、脳幹を構成する間脳の視床下部にある※。**呼吸、循環、消化等に関与**し、**交感神経と副交感神経は、ほぼ正反対に作用**する。
└**交感神経**	**日中に優位**となる。**心拍数や血圧を上げ**、**体を活動モード**にする。**消化管の働きを抑制**する。
└**副交感神経**	**夜間に優位**となる。**心拍数や血圧を下げ**、**体を休息**モードにする。**消化管の働きを活発**にする。
⑤**ニューロン**	神経系を構成する**神経細胞で、１個の細胞体、１本の軸索、複数の樹状突起**から成る。
⑥**シナプス**	**ニューロンとニューロンをつなぐ接合部**で、**神経興奮**を伝達する場所。
⑦**神経線維**	脊髄の神経細胞から軸索が体の各部分に向かっている束。
⑧**神経節**	**末梢神経系の神経線維が伸びていく途中**にある**神経細胞体の集合部分**。
⑨**有髄神経線維**	軸索を包む髄鞘にあるすき間で情報の電気信号が流れる線維部分。髄鞘もすき間も持たない**無髄神経線維より伝達速度が速い**。
⑩**大脳**	外側の**皮質**は、**神経細胞の細胞体が集まっている灰白質**。 内側の**髄質**は、**白質**。 （**脊髄はこの逆**で、**外側が白質**、**内側が灰白質**である）

※試験対策上は体温の項目で出題される。

以上が、過去10年間で出題された問題に対応するポイントのすべてだ。**これら２つのStudyの内容を押さえれば、試験対策はバッチリ**である。さっそく出題パターンを確認していくが、その前に**交感神経の働きのゴロ合わせ**だ。**交感神経は、基本的に身体を活動モード**にさせるが、**消化管の働きを抑制**する。このネジレに注意しよう。

効果てきめん活動的！
（交感神経、活動モード）

初夏だけ大人しい
（消化管の働きは抑制）

なお、**「副」**交感神経の働きは、この**逆**とイメージしていればよいよ。

●「神経系」の出題パターン

①自律神経系は、交感神経系と副交感神経系とに分類され、双方の神経系は多くの臓器に対して相反する作用を有している。（平27.1～6）

②自律神経系は、内臓、血管などの不随意筋に分布している。（令元.7～12ほか）

③自律神経系の中枢は、脳幹及び脊髄にある。（令元.7～12ほか）

④心臓に対しては、交感神経の亢進は心拍数を増加させ、副交感神経の亢進は心拍数を減少させる。（令元.7～12ほか）

⑤消化管に対しては、交感神経の亢(こう)進は運動を促進させ、副交感神経の亢進は運動を抑制させる。（令元.7～12ほか）

⑥自律神経は、運動と感覚に関与し、体性神経は、呼吸、循環などに関与する。（平 24.7 ～ 12 ほか）

⑦体性神経には、感覚器官からの情報を中枢神経に伝える感覚神経と、中枢神経からの命令を運動器官に伝える運動神経がある。（令元 .1 ～ 6 ほか）

⑧神経系を構成する基本的な単位である神経細胞は、通常、1 個の細胞体、1 本の軸索及び複数の樹状突起から成り、ニューロンともいわれる。（令 3.1 ～ 6 ほか）

⑨神経系を構成する基本的な単位である神経細胞は、通常、1 個の細胞体、1 本の軸索及び複数の樹状突起から成り、シナプスともいわれる。（平 27.7 ～ 12）

⑩末梢（しょう）神経系において神経細胞の細胞体が集合している部分を神経節という。（平 28.7 ～ 12）

⑪有髄神経線維は、無髄神経線維より神経伝導速度が速い。（平 28.7 ～ 12）

⑫大脳皮質は、神経細胞の細胞体が集合した灰白質で、感覚、運動、思考などの作用を支配する中枢である。（平 29.7 ～ 12 ほか）

⑬脊髄は、運動系と知覚系の神経の伝導路であり、その中心部は白質、外側は灰白質である。（平 23.7 ～ 12）

パターン①～⑥までは、**自律神経（交感神経と副交感神経）**に関する問題だ。**パターン①**について、自律神経系は、**交感神経系と副交感神経系**とに分類されるので**前半は正しい**。そして、**双方の神経系は「相反する」、つまり、正反対の作用を有する**ので**後半も正しい**。

パターン②は、**自律神経がどこに分布**しているかだが、**内臓・血管等の不随意筋に分布**しているので**正しい**。なお、この**パターン②**は過去 10 年間で 5 回も出ている。

パターン③は、**自律神経の「中枢」がどこに分布**しているかについてだ。**中枢は脳幹及び脊髄**にあるので、**やはり正しい**。なお、さらに**生命維持機能の中枢**は、脳幹を構成する**間脳の視床下部**にある。

パターン④と⑤は、**交感神経と副交感神経が内臓にどのような作用**を及ぼすかについてである。この点、**「効果てきめん活動的！（交感神経、活動モード）　初夏だけ大人しい（消化管の働きは抑制）」**ということで、基本的に**交感神経は、身体の活動を活発**にさせるが、**消化管の働きを抑制**する。

よって、**心臓に関するパターン④は正しく、消化管に関するパターン⑤は誤っている**。

このパターン④と⑤を合わせて、**過去 10 年間で 10 回も出題**されているよ！

パターン⑥は、自律神経の知識だけでも解けるが、体性神経についての知識もあったほうがよい。**感覚と運動に関与する神経は体性神経**なので、**誤っている**。つまり、**両者の説明が逆**になっているのだ。そして、**体性神経に関するパターン⑦は、正しい**内容である。

体性神経については、「**感覚**器官→**感覚**神経」、「**運動**器官→**運動**神経」とネジレがないんだ。

パターン⑧〜⑪は、神経の組織に関する問題だ。

パターン⑧について、**神経系を構成する基本的な単位である神経細胞は、ニューロン**ともいわれるので、**正しい**。そうなると、**パターン⑨は誤っている。シナプスは、ニューロンをつなぐ接合部**である。

この２つのパターンは、過去 10 年間で 10 回も出題されているので押さえておこう。

そして、**パターン⑩と⑪は、神経節と有髄神経線維**についてであるが、それぞれ**正しい**。Study ㊻の内容を確認しておこう。

パターン⑫は、**大脳皮質**についての問題だ。これは**神経細胞の細胞体が集まっている**灰白質であり**正しい**。なお、**大脳の内側にある髄質は**白質であり、**「脊髄」はこの逆**となる。よって、**パターン⑬は**誤っている。大脳を覚えていれば、脊髄の問題も対応できるので、以下のゴロ合わせも利用してみよう。

台の外は、灰だらけ必死！
（大脳の外側、灰白質、　皮質）

中は白い！
（内側の髄質は白質）

直前に再チェック！

①体性神経の作用は…　**➡感覚と運動に関与する！**

②自律神経の分類は…　**➡交感神経と副交感神経！**

③自律神経の分布は…　**➡内臓・血管等の不随意筋に分布！**

④自律神経の「中枢」の位置は…　**➡脳幹及び脊髄にある！**

⑤自律神経の作用は…　**➡呼吸、循環、消化等に関与する！**

⑥神経系を構成する神経細胞の基本的な単位は…　**➡ニューロン！**

攻略パターン31

わかればスッキリ！腎臓の機能と尿について！

腎臓と尿については、毎回のように出題される頻出項目だ。
聞きなれない用語については、図を見ながら確認していこう。

言葉（文章）だけでは、わからない腎臓を図解する！

尿を調べれば、体や血液、腎臓の状態などがわかる。人の健康状態を表す貴重な情報源ということで、腎臓と尿に関する問題も頻出だ。特に「**糸球体・ボウマン嚢（のう）・尿細管の関係**」については、**腎臓・尿に関する問題の約 7 割**を占めているので、ここは絶対に押さえておこう。

そもそも**腎臓**は、腰の少し上、**背骨の両側に左右 1 対**あり、それぞれが**約 100 万個のネフロン**という**尿を生成する構造**から成る。

ネフロンは、**毛細血管が詰まった糸球体と、それを包むボウマン嚢**などから成る。
この**糸球体**と**ボウマン嚢**をあわせて「**腎小体**」といい、**1 つの腎小体から 1 つの尿細管が出ており、腎盂（じんう）へとつながっている**のだ。この**腎小体から尿細管までの構造がネフロン**だ。

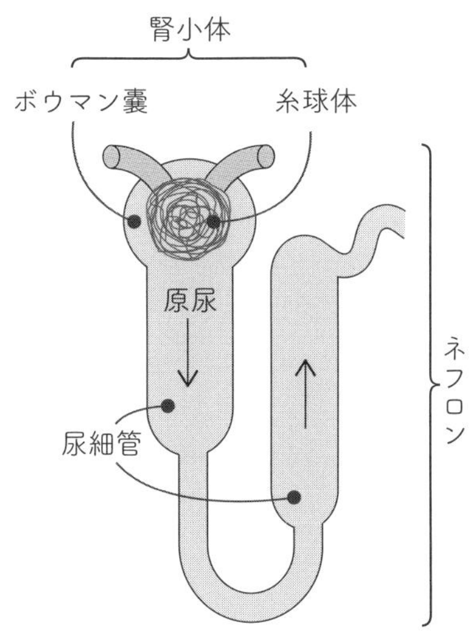

そして、試験では、尿の生成過程がよく問われるので、それらをまとめたものが、以下の Study ㊼である。

■ Study ㊼ 腎臓の機能、尿の生成過程など

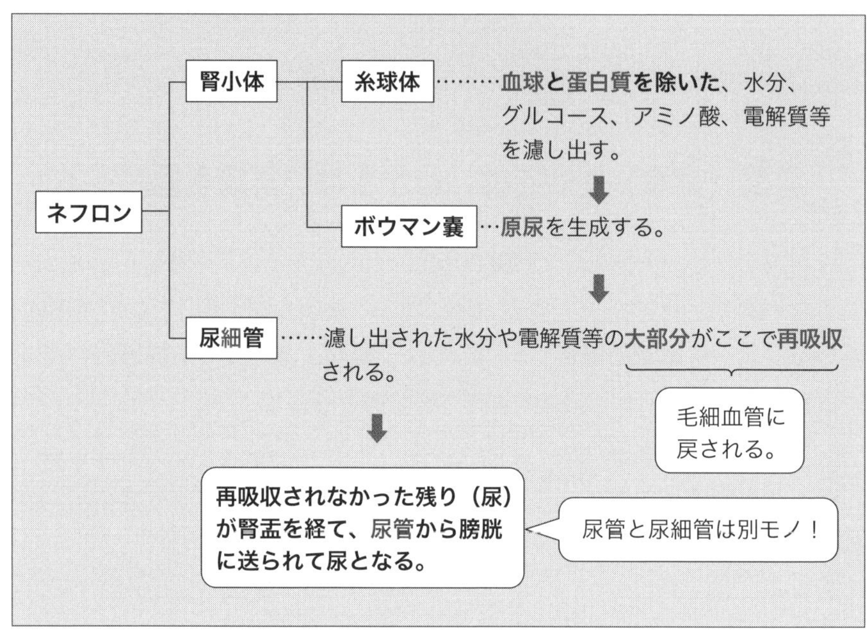

尿の成分は約 95%が水だ。**固形成分は残りの約 5%**であり、内容は**窒素性老廃物**（尿素など）**や電解質**（カリウム、ナトリウム、リンなど）等となっている。1 日の尿量は 1 ～ 1.5 リットル程度、黄色の液体で弱酸性である。

なお、血液中の**尿素窒素の値が高い場合、腎臓機能の低下**が考えられ、尿蛋白の増加は、慢性腎炎や糸球体障害のネフローゼ症候群などの病気が疑われる。

腎臓と尿に関する試験対策は、上記内容で十分だね。
ゴロ合わせを紹介後、出題パターンの確認に入ろう。

至急確認！
（糸球体）

けっきょく、**蛋白質は濾し出されん**！
（血球と蛋白質は、濾し出されない）

●「腎臓と尿」の出題パターン

①ネフロン（腎単位）は、尿を生成する単位構造で、1個の腎小体とそれに続く1本の尿細管から成り、1個の腎臓中に約100万個ある。（令2.7～12）

②腎臓は、背骨の両側に左右一対あり、それぞれの腎臓から複数の尿管が出て、膀胱につながっている。（平29.1～6）

③糸球体では、血液中の血球及び蛋白質以外の成分がボウマン嚢に濾し出され、原尿が生成される。（平29.7～12ほか）

④血中の老廃物は、尿細管からボウマン嚢に濾し出される。（令4.1～6ほか）

⑤血中の蛋白質は、糸球体からボウマン嚢に濾し出される。（令4.1～6ほか）

⑥腎臓の尿細管では、原尿に含まれる大部分の水分及び身体に必要な成分が血液中に再吸収され、残りが尿として生成される。（令3.7～12ほか）

⑦原尿のうち尿細管で再吸収されなかった成分が尿となり、腎盂を経て膀胱に送られ排泄される。（平23.7～12）

⑧原尿中に濾し出された水分の大部分は、そのまま尿として排出される。（令4.1～6ほか）

⑨尿の生成・排出により、体内の水分の量やナトリウムなどの電解質の濃度を調節するとともに、生命活動によって生じた不要な物質を排出する。（令4.7～12ほか）

⑩尿の約 95％は水分で、約 5％が固形物であるが、その成分は全身の健康状態をよく反映するので、尿検査は健康診断などで広く行われている。（令 2.7 ～ 12 ほか）

⑪血液中の尿素窒素（BUN）の値が低くなる場合は、腎臓の機能の低下が考えられる。（令 3.7 ～ 12 ほか）

パターン①は「ネフロン」、パターン②は「腎臓」の説明だ。**パターン①は正しく、パターン②は誤っている**。**パターン②**について、**尿管は、左右の腎臓から 1 本ずつ**出ており、膀胱につながっている。つまり、**各腎臓から「複数」の尿管が出ているわけではない**。

「尿細管」と「尿管」は別のものだよ。「尿細管」は腎盂まで原尿を運びつつ再吸収を行う。腎盂から膀胱まで尿を運ぶのは「尿管」だよ。

パターン③～⑤は、尿の生成過程に関する腎小体部分の問題だ。**ポイントは糸球体で血球と蛋白質は濾し出されない**点である。

よって、**パターン③は正しい**。そして、**パターン④**は、老廃物が「尿細管」から濾し出されるとあるが、これは**誤っている**。**老廃物は、糸球体から濾し出されて、ボウマン嚢へと移る**のだ。

そして、**パターン⑤**は、糸球体から蛋白質が濾し出されるとあるが、これも**誤り**である。

このパターン③～⑤を合わせると、**過去 10 年間で 16 回も出題**されている必須パターンなんだ！

次に**パターン⑥～⑧は、尿の生成過程**に関する**尿細管部分**の問題である。**ポイントは尿細管**において、色々と濾し出されてつくられた**原尿の大部分が再吸収**される点である。

そして、**再吸収されなかった成分**が、**腎盂（じんう）という部分を経て、膀胱に送られて排泄**されるのだ。以上より、**パターン⑥と⑦は正しい**。

一方、**パターン⑧**は、**原尿中**に濾し出された水分の**大部分がそのまま尿として排出**されるとあるが、**誤っている**。

このパターン⑥～⑧を合わせると、**過去 10 年間で 9 回も出題**されているよ！

そして、**パターン⑨～⑪は、腎臓や尿に関するその他の知識**だ。

パターン⑨と⑩は読めばわかるだろうし、常識的に判断できると思うが、**それぞれ正しい**内容なので、一読しておいてほしい。この２つの出題パターンも過去 10 年間で合計 11 回出ている。

最後のパターン⑪だが、**腎臓の機能の低下**が考えられるのは、**血液中の尿素窒素（BUN）の値が高い場合**なので、**誤っている**。

直前に再チェック！

①ネフロン（腎単位）の構成は…

➡ 1 個の**腎小体**（糸球体とボウマン嚢）とそれに続く 1 本の**尿細管**！

②糸球体でボウマン嚢へと濾し出されないものは…

➡血液中の**血球、蛋白質**！

③尿細管で再吸収されるものは…　➡**水分や電解質等の大部分**！

攻略パターン32

簡略図で勝負が決まる！心臓と循環の攻略法！

「心臓」に関する問題は、難しい問題ではないが混乱しやすい。しかし、簡略図を書いてビジュアル重視で解けば攻略できる！

ビジュアル重視で循環は攻めよ！

ここでは労働生理の科目のうち**「心臓」**と**「血液の循環」**に関する解説をしよう。心臓と血液の循環に関する問題は、決して難しくはない。**難しくはない**のだが、**混乱しやすい**のだ。

そこで、心臓と血液の循環に関する問題は毎回出ると想定して、**試験が開始**したら、忘れないうちに**まず簡略図を書いてしまう！**…という作戦を提案したい。簡略図は以下のものである。

■ Study ㊽ 血液循環の簡略図

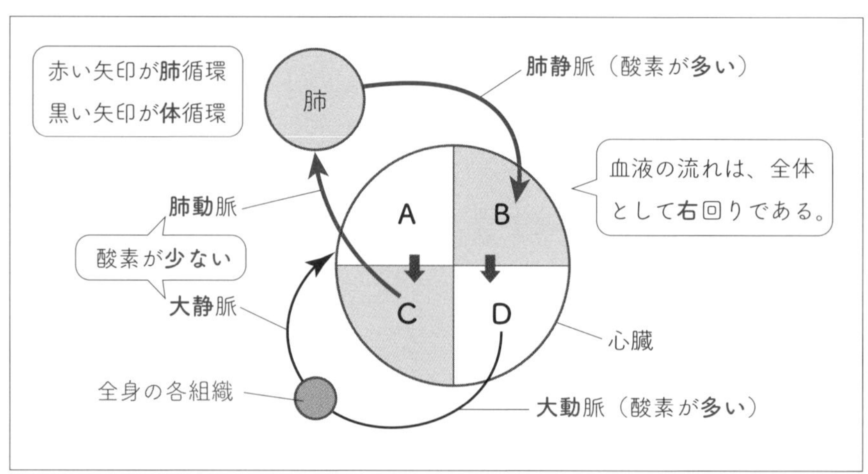

Study ㊽の簡略図について、大きな円が心臓だ。**Aが「右心房」**、**Bが「左心房」**、**Cが「右心室」**、**Dが「左心室」**である。

覚え方としては**「寝室（しんしつ）の上で辛抱（しんぼう）！」**ということで、寝室（**心室**）の上に辛抱（**心房**）がくる、つまり、図の**上のAとBが「心房」**、**下のCとDが「心室」**と覚えればよいであろう。

心臓の簡略図では、**人の身体がこちら向き**となるため**左右は注意**だよ。簡略図はあえて「ABCD」としてあるのでトレーニングしよう。

また大前提として、血液の経路について、**心臓から出ていくほうを「動脈」**といい、**心臓に戻るほうを「静脈」**という。

そして、**心臓から血液が出ていく動脈にも2種類**あり、**肺を経由するほうを「肺動脈」**、もう一方の**体循環のほうが「大動脈」**である。

同じく、**心臓に血液が戻る静脈にも2種類**あり、**肺を経由するほうを「肺静脈」**、もう一方の**体循環のほうが「大静脈」**だ。この辺は「肺」を経由するか否かで考えると覚えやすいし、慣れれば自然に思い浮かぶようになる。

次にややこしいのだが、**酸素が多く含まれている血液を「動脈血」**、**酸素が少ない血液を「静脈血」**という。これも知っておこう。

そして、**赤色の矢印である肺を経由する流れが「肺循環」**、他方、**身体の各組織や臓器を経由する黒色の矢印が「体循環」**である。この血液の循環を文章で見ると、次ページのようになる。図を見ながら赤字部分を答えられるように、確認とトレーニングをしておこう。

■血液の循環

体循環（黒矢印）…全身に動脈血を運び、静脈血を**Aの右心房**に集める。
Dの左心室→**大動**脈（出ていく）→身体各部・毛細血管→**大静**脈→（戻る）**Aの右心房**…

肺循環（赤矢印）…静脈血を肺に運んでガス交換後、動脈血を**Bの左心房**に送る。
Cの右心室→**肺動脈**（出ていく）→肺（ガス交換）→**肺静**脈→（戻る）**Bの左心房**…

212ページの簡略図を書いて、血液の循環の流れを理解できれば、あとは"当てはめ問題"にすぎない。例えば、**右心室（C）から"出ていく循環は？**…と問われれば、**肺を経由**する流れなので**「肺循環」**である。

血液の循環は、試験の問題文でも、前ページの流れで出題されるよ。

では心臓に関して、まずは**「血液の循環」に関する出題パターン**を確認しておこう。

●「血液の循環」の出題パターン

①体循環は、左心室から大動脈に入り、毛細血管を経て静脈血となり右心房に戻ってくる血液の循環である。（令2.1～6ほか）
②大動脈及び肺動脈を流れる血液は、酸素に富む動脈血である。（令3.7～12ほか）
③大動脈や肺動脈には、動脈血が流れる。（平29.7～12）
④大動脈を流れる血液は動脈血であるが、肺動脈を流れる血液は静脈血である。（令5.1～6ほか）

⑤肺循環は、右心室から肺静脈を経て肺の毛細血管に入り、肺動脈を通って左心房に戻る血液の循環である。（令 2.1 ～ 6 ほか）
⑥肺循環により左心房に戻ってきた血液は、左心室を経て大動脈に入る。（令 4.7 ～ 12）
⑦肺を除く各組織の毛細血管を通過する血液の流れは、体循環の一部である。（平 27.1 ～ 6 ほか）

このように文章で問われると、わかりづらい。そのための簡略図であり、**簡略図が書けてしまえば、それを見ながら問題を解ける**のだ。よって、ページを行き来しないで済むよう、もう一度、掲載する。

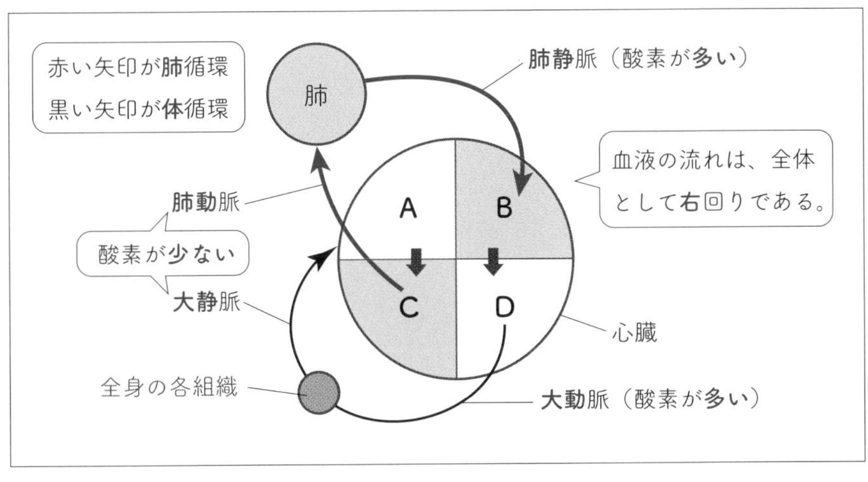

パターン①では、**体循環**が問われている。上の簡略図を見ながらであれば簡単だろう。結論として、**正しい**。この**パターン①**は過去 10 年間で 8 回も出題されているので、しっかり押さえておきたい。

パターン②は、**２つの「動脈」の血液中に酸素が多いか**という話だ。これは**誤っている**。肺から心臓に戻ってきて間もない**大動脈の血液中は酸素が多い**。しかし、**体の各組織を経由して心臓に戻り、肺に向かって出てい**

る肺動脈を流れる血液は、酸素が少ないのだ。

パターン③と④は、酸素の多い**「動脈血」が流れる部分**について問われている。これは上で述べたとおり、**大動脈の血液中は酸素が多い**が、**体の各組織を経由して心臓に戻り、肺に向かって出ている肺動脈を流れる血液は、酸素が少ない**ので、**パターン③は誤っており、パターン④は正しい**。

パターン⑤と⑥は、肺循環に関する問題だ。これも簡略図を見ながらであれば正解できる。**パターン⑤は誤り**で、**パターン⑥は正しい**。

最後の**パターン⑦**は、もう一度、**体循環**の話である。**肺を除く、各組織の毛細血管を通過する循環は体循環**であり、**正しい**。

以上のように、混乱しやすい内容だけど、簡略図を見ながらであれば難しい問題ではないよ。

直前に再チェック！

①肺を経由する動脈は… ➡**肺動脈！**

②体循環のほうの動脈は… ➡**大動脈！**

③肺を経由する静脈は… ➡**肺静脈！**

④体循環のほうの静脈は… ➡**大静脈！**

⑤含まれている酸素が多い血液は… ➡**動脈血！**

⑥含まれている酸素が少ない血液は… ➡**静脈血！**

⑦体循環は、心臓のどこから出ていき、心臓のどこに戻る？

➡**左心室**から出ていき、**右心房**に戻る！

攻略パターン 33

覚えることは３つだけ！心臓の拍動について！

「心臓」については「拍動」に関する問題もよく出る。出題パターンは少なく、覚えることも少ないので、しっかり把握しておこう。

３つのパターンで過去10年間に18回の出題！

先ほどの心臓と血液の循環に続いて、ここでは**「心臓の拍動」**に関する解説をする。なお、心臓の話なのでセットで解説したかったが、頭を切り替えるためにも別項目とした。さっそく内容に入るが、**ここで覚えることは３つだけ**である。

心臓の拍動（収縮・拡張）は、**特殊心筋である洞（房）結節等で発生した電気刺激**が、**刺激伝導系を介して伝わる**ことで行われる。この**心筋の規則的な拡縮（拡張と収縮）を拍動**といい、心臓の中で血液の逆流を防ぐ動脈出口の弁がポンプ役を担う。

そして、この**拍動は自律神経が作用（支配）**し、運動時や興奮時に交感神経が心筋に作用し、心拍数等を増加させるといったことが行われているのだ。

また、**心筋は自らの意思で動かすことができない不随意筋**であるが、**随意筋である骨格筋と同じ、横紋筋に分類**される。

最後がわかりにくいかもしれないけど、**横紋筋か否かは、見た目の分類**だよ。

ここで試験に関連する筋肉の話も触れておこう。**筋肉には横紋筋と平滑筋の２つ**の種類がある。**横紋筋は横縞模様**のある筋肉で、**平滑筋にはそれがない。**見た目の分類だ。

■筋肉の種類

- **横紋筋**　①**骨格**筋…姿勢保持や体を動かす。→**随意**筋
  ②**心**筋……心臓を動かす。→**不随意**筋
- **平滑筋**…内臓や血管壁の働きを維持している。

ここで心筋の分類について、ゴロ合わせも紹介しておこう。

ゴロ合わせ
心機一転！　普通にいい！
（心筋、不随意筋）
Oh ～もう～！
（横紋筋）

ちなみに、**筋力は、筋繊維の太さに比例し、**収縮（縮む）**する瞬間が一番大きい作業能力（最大筋力）**になる。この最大筋力は、性差、年齢差が**ほとんどない。**

また、**酸素が不足**したケースでは、**神経よりも筋肉のほうが疲労しやすい。**

ついでに、筋肉については、次の２つの用語も覚えておこう。

・**等尺性収縮**：筋肉の長さを**変えず**、筋力の発生がある状態のこと。
鉄棒にぶら下がった状態や姿勢保持のときなど。

・**等張性収縮**：筋肉の長さが**変わり**、筋力の発生がある状態のこと。
日常動作や屈伸運動を行うときなど。

筋肉の話も触れたが、この項目で伝えたい知識は以上である。覚えるべきことは少ないが、項目を分けているのには理由がある。**それだけ出題されている**ということだ。出題パターンを確認してみよう。

●「心臓の拍動」の出題パターン

①心臓の中にある洞結節（洞房結節）で発生した刺激が、刺激伝導系を介して心筋に伝わることにより、心臓は規則正しく収縮と拡張を繰り返す。（令 3.7 ～ 12 ほか）
②心臓の拍動は、自律神経の支配を受けている。（令 2.1 ～ 6 ほか）
③心筋は不随意筋であるが、骨格筋と同様に横紋筋に分類される。（令 4.1 ～ 6 ほか）
④動脈硬化とは、コレステロールの蓄積などにより、動脈壁が肥厚・硬化して弾力性を失った状態であり、進行すると血管の狭窄（さく）や閉塞を招き、臓器への酸素や栄養分の供給が妨げられる。（令 3.1 ～ 6）

パターン①～③までは、217 ページで触れた内容であり**正しい**。**このパターン①～③を合わせて、過去 10 年間で 15 回**も問われている。難しい内容ではないし、しっかり押さえておこう。

最後の**パターン④**だが、一般常識的な内容であろう。結論として、**正しい**。ちなみに、「狭窄（きょうさく）」とは、すぼまって狭くなるという意味だ。血管壁内にコレステロールが蓄積すると、それだけ血液の通り道が狭くなるのだ。

直前に再チェック！

①心臓の拍動の原動力となる電気刺激は、どこで発生する？ **➡洞結節（洞房結節）！**

②心臓の拍動を支配する神経は… **➡自律神経！**

③心筋は、不随意筋と随意筋のどちらに分類される？ **➡不随意筋！**

④心筋は、横紋筋と平滑筋のどちらに分類される？ **➡横紋筋！**

コラム　衛生管理者は落とす試験ではない！

ここまで述べてきたように第１種衛生管理者試験では、**全く同じ選択肢や、ほぼ同じ選択肢が繰り返し出題**されている。これは決して、試験実施団体が手を抜いているわけではない。世の中には様々な資格試験が存在するが、中には「そんな知識を問うの？」と疑いたくなるような試験問題、いわゆるヒッカケ問題も多い。ところが、**第１種衛生管理者試験では、そのような意地悪な問題がほぼないのだ。**

これは身に付けるべき知識を身に付けてくれれば、全員合格させるという意思表示であり、基本的かつ重要な知識を身に付けてほしいという意思表示でもあるのだ。語弊があるかもしれないが、受験者を落とすためにつくられた問題は出題されない。**しっかり学習しておけば、必ず合格できる**試験である。

攻略パターン34

「吸気」はすべて同じ問題!? 得点源にできる「呼吸」!

「呼吸」に関する問題は、他のテーマと比較しても繰り返しの問題が出される頻度が高い。ここは得点源にしてしまおう！

繰り返し問題で得点のチャンス！

ここでは「労働生理」の科目のうち**「呼吸」**に関する解説をしよう。呼吸についても毎回出題されるが、後ほど述べるように特に**「吸気」に関する問題は、過去10年間で12回、全く同じ問題文**で出ている状態だ。さっそく内容に入ろう。

先に上で述べた「吸気」の話をするが、**「吸気」**とは、呼吸をすることによって、**鼻腔、気管等の気道を経て、肺内へ流れ込む空気**のことだ。これがどのように行われるかというと、下図のように**胸郭内**（きょうかくない）**容積**が**増し**、**その内圧が低く**なることで、**空気が流れ込む**というだけである。

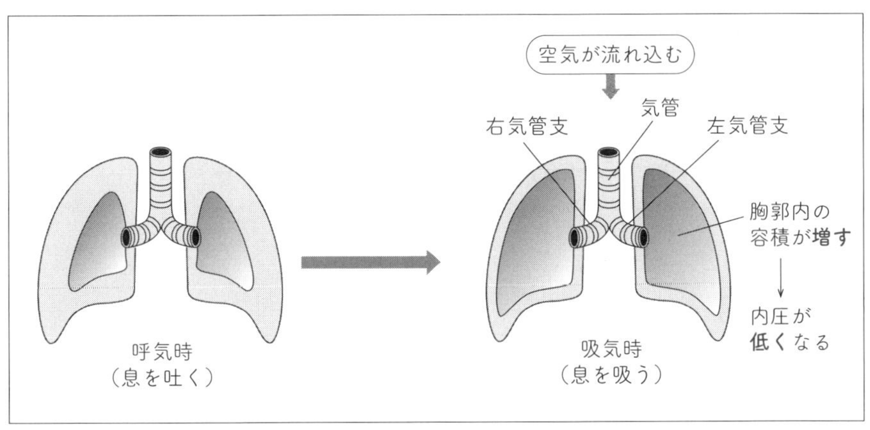

少なくとも公表されているものでは、**この吸気が全く同じ問題文**にて、**過去 10 年間で 12 回**も問われている。ここは間違えるわけにいかないので、先に解説した次第だ。そして、それ以外の呼吸に関する必要知識をまとめたのが、以下の **Study ㊾**である。

■ Study ㊾ 呼吸のポイント

項　目	内　容
呼吸運動	**呼吸筋（肋間筋と横隔膜）の協調運動**で、**胸郭内容積を周期的に増減**し、**肺を伸縮**させる。
吸　気	**胸郭内容積が増し**、**内圧が低く**なることで、鼻腔や気道を経て肺に流れ込む空気。
呼気の成分	**酸素 16%、二酸化炭素 4%**
外呼吸	**肺胞内**の空気（O_2）と、肺胞を取り巻く毛細血管の**血液（CO_2）との間で行われるガス交換**のこと。
内呼吸	身体の**各組織細胞**と、全身の毛細血管中の**血液との間で行われるガス交換**のこと。
呼吸中枢について	・場所は、**延髄の網様体**にあり、**呼吸運動の筋肉を支配**する。 ・**二酸化炭素濃度が増加（身体活動による二酸化炭素分圧の上昇）**すると、**肺のガス交換量が多く**なる。つまり、**呼吸は深くなり、1 回換気量が増加し、呼吸数も増加**する。
呼吸数	一般に成人で、**1 分間に 16 ～ 20 回**。 **食事、入浴、発熱等で増加**する。

なお、上記の「呼吸中枢について」の欄で「分圧」という言葉が出てくるが、これはいくつかの気体が混ざっている気体（混合気体）において、ある1つの成分が混合気体と同じ体積を単独で占めたときの圧力のことだ。わかりにくいと思うが、試験対策上は「二酸化炭素分圧の上昇」とあったら、二酸化炭素濃度が増えたら…と考えておけばよい。

では、**「呼吸中枢の場所」**についてのゴロ合わせを紹介しておこう。

息してチュ～する！
（呼吸中枢）

もう～い～かい？
（延髄の網様体）

ということで、ここまでの内容を押さえていれば呼吸については、まず正解できる。出題パターンを確認していこう。

●「呼吸」の出題パターン（一部改題）

①胸郭内容積が増し、その内圧が低くなるにつれ、鼻腔（くう）、気管などの気道を経て肺内へ流れ込む空気が吸気である。（令 5.1 ～ 6 ほか）
②呼吸運動は、気管と胸膜の協調運動によって、胸郭内容積を周期的に増減させて行われる。（令 3.1 ～ 6 ほか）
③呼吸運動は、呼吸筋が収縮と弛（し）緩をすることによって胸郭内容積を周期的に増減し、それに伴って肺を伸縮させることにより行われる。（令元 .1 ～ 6）
④肺胞内の空気と肺胞を取り巻く毛細血管中の血液との間で行われる酸素と二酸化炭素のガス交換を、肺呼吸又は外呼吸という。（令 3.1 ～ 6 ほか）
⑤全身の毛細血管中の血液が各組織細胞に酸素を渡して二酸化炭素を受け取るガス交換を、組織呼吸又は内呼吸という。（令 3.1 ～ 6 ほか）
⑥呼吸に関与する筋肉は、間脳の視床下部にある呼吸中枢によって支配されている。（平 30.7 ～ 12 ほか）
⑦血液中に二酸化炭素が増加してくると、呼吸中枢が抑制されて呼吸は浅くなり、回数が減少する。（平 26.7 ～ 12 ほか）

⑧成人の呼吸数は、通常、1分間に16～20回であるが、食事、入浴、発熱などによって増加する。（令4.7～12ほか）
⑨身体活動時には、血液中の窒素分圧の上昇により呼吸中枢が刺激され、1回換気量及び呼吸数が増加する。（令4.1～6ほか）
⑩身体活動時には、血液中の二酸化炭素分圧の上昇などにより呼吸中枢が刺激され、1回換気量及び呼吸数が増加する。（令2.1～6ほか）

パターン①が、冒頭で触れた**吸気**の話であり**正しい**。221ページの図も印象付けて覚えておき、本試験現場では念のため、**「胸郭内容積が増し」「内圧が低く」**なる点はチェックすること。

パターン②と③は、呼吸運動の話だ。これは**呼吸筋である肋間筋と横隔膜の協調運動**により、**胸郭内容積を周期的に増減**して、**肺を伸縮**させることで行われる。よって、**パターン②は「気管と胸膜」の協調運動**としている点で**誤っており**、**パターン③が正しい**。

パターン④と⑤は、外呼吸と内呼吸の話である。**外呼吸のポイントは「肺胞」と血液の間**で行われる点、**内呼吸のポイントは「各組織細胞」と血液の間**で行われる点で、**ともに正しい**。

なお、**パターン④**については、**過去10年間で14回も出題**されている！ここもしっかり押さえよう！

パターン⑥は、呼吸中枢がどこにあるかという点についてだが、**呼吸中枢は延髄の網様体**という場所にある。**視床下部ではないので誤っている**のだ。

パターン⑦だが、**血液中の二酸化炭素が増えると、呼吸は深く、回数は増える**ので**誤っている**。

二酸化炭素が増えれば、呼吸は苦しくなる。すると、**少なくとも呼吸回数が増える（ハァハァする）**イメージは持てるだろう。

パターン⑧は正しい。成人の呼吸数は 1 分間に 16 ～ 20 回であり、**食事、入浴及び発熱によって増加**する。なお、この**パターン⑧**は過去 10 年間、「減少」の誤りを含め、6 回も出題されている。

最後に**パターン⑨と⑩**は、**活動時に血液中の何が上昇して呼吸数が多くなるのか**…という話だ。なお、本問は一部改題している。これは**二酸化炭素分圧の上昇**が**正しい**ので、**パターン⑨は「窒素分圧」としている点で誤っており、パターン⑩が正しい**。この**パターン⑨と⑩**を合わせて、過去 10 年間で 10 回も問われているので要注意である。

直前に再チェック！

①呼吸運動は何と何の協調運動で行われる？

➡呼吸筋である**肋間筋**と**横隔膜**の協調運動による！

②肺胞内の空気と、肺胞を取り巻く毛細血管中の血液との間で行われるガス交換は…

➡**外**呼吸！

③全身の毛細血管中の血液が各組織細胞に酸素を渡して、二酸化炭素を受け取るガス交換は…

➡**内**呼吸！

攻略パターン35 視覚・聴覚等の知識をピンポイントで攻略する！

視覚・聴覚等の感覚器に関する問題もよく出る。これらの問題も出題パターンが限られているので、ここはピンポイント攻略をねらう。

視覚は「網膜」と「働き」をマークせよ！

ここでは労働生理の科目のうち、**眼・耳を中心に視覚・嗅覚・味覚・皮膚感覚等の感覚器全般**についてのポイントを解説しよう。

まずは**「視覚」**に関する話からはじめるが、視覚においては、**「網膜」と「働き」に関する出題が6割**を占めている。さっそくポイントを紹介してしまうと、以下の内容だ。

次ページの図も眺めながら、記憶を強化してほしい。
基本的には、赤字部分のチェックでOKだ！

■ Study 50 主な眼の部位と働き

部　位	働　き
角　膜	**眼球前面の円形**部分。**フィルター**の役目。
毛様体	**水晶体の厚さ（ピント）調節**を行う。
虹　彩	瞳孔を囲み、伸縮で**光量を調節**するカメラの絞りに相当。
網　膜	視細胞（杆状体・錐状体）が光を識別する。 **錐状体**（すいじょう）…**色**と**明るい光**を感じる。 **杆状体**（かんじょう）…**明暗**と**暗い所で弱い光**を感じる。
水晶体	**レンズ**の役割。**焦点距離を調節**し、**網膜に像を結ぶ**。
硝子体	水晶体で屈折した光線を網膜に運ぶ。

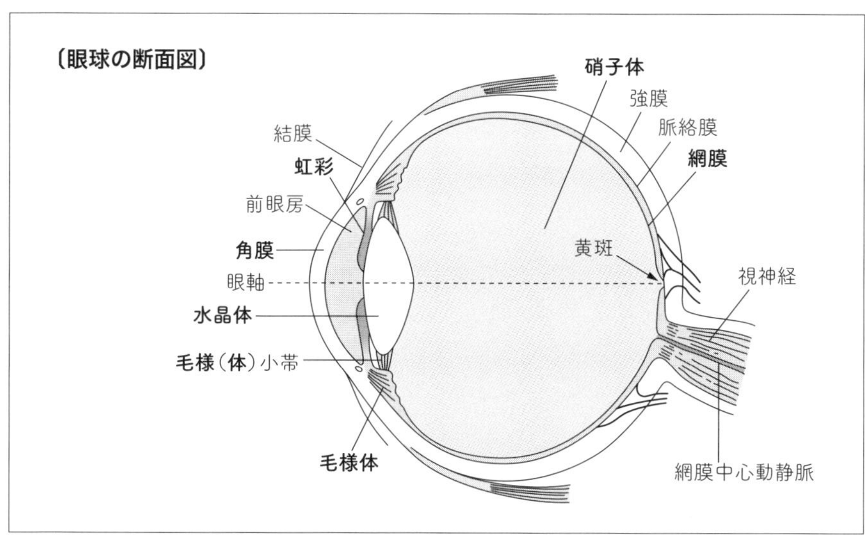

■近視・乱視等の像の結び方

近視…眼軸が長すぎ、→網膜の**前方で像を結ぶ**。
遠視…眼軸が短すぎ、→網膜の**後方で像を結ぶ**。
乱視…**角膜の凹凸や歪み**等により、網膜に**正しく像が結ばない**。
老眼…水晶体の弾性が減少し、網膜の**後方で像を結ぶ**。

この近視等の像の結び方の覚え方としては、**「近視」は「近い」**だけあり**すぐ前の「前方」**で像が結ばれる、**「遠視」は「遠い」**だけあり**遠くの「後方」**で像が結ばれるというイメージでいこう。

今のところ「眼軸」の長短まで覚えなくても、問題に対応できる！

では、網膜の杆状体と錐状体の働きについてのゴロ合わせを経たうえで、「視覚」に関する出題パターンの確認に入る。

いよ〜！　明るい水蒸気！
（色と明るい光を感じる錐状体）

暗く弱い声で「お勘定…」
（明暗と暗い所で弱い光を感じる杆状体）

●「視覚」の出題パターン

①網膜には、明るい所で働き色を感じる錐状体と、暗い所で働き弱い光を感じる杆状体の２種類の視細胞がある。（令元.1〜6ほか）
②網膜の錐状体は明るい所で働き色を感じ、杆状体は暗い所で働き弱い光、明暗を感じる。（令元.7〜12ほか）
③眼軸が短過ぎるために、平行光線が網膜の後方で像を結ぶ状態は近視である。（令元.7〜12ほか）
④角膜が歪んでいたり、表面に凹凸があるために、眼軸などに異常がなくても、物体の像が網膜上に正しく結ばないものを乱視という。（令元.1〜6ほか）
⑤眼は、硝子体の厚さを変えることにより焦点距離を調節して網膜の上に像を結ぶようにしている。（令元.1〜6ほか）

パターン①と②は、すぐ上のゴロ合わせで対応できよう。ともに**正しい**。なお、この２つを合わせて、過去10年間で８回の出題がある。

パターン③と④は近視等の話だ。**パターン③**は「後方」で像を結ぶ状態を「近視」としているが、**近視はすぐ近くの前方で像を結ぶ**イメージから**誤っている**。

そして、**パターン④は正しい内容**だ。このパターン④は過去10年間で７回も問われている。

最後の**パターン⑤**は、少し難しいかもしれないが、**焦点距離を調整**するのは**水晶体**だ。硝子体としている点で、本問は**誤っている**。なお、この**パターン⑤**は、過去10年間で7回出題されている。押さえておこう。

聴覚は「働き」の一点突破か!? ～その他の感覚器も補足～

次に**「聴覚」**の話に入ろう。**耳の器官と主な働き**等のポイントは、以下のものだ。**音は「外（耳）→中（耳）→内（耳）」**と伝わる。**「そと→なか→うち」**だ！

■ Study ㊿ 耳の部位と働き

部位		主な働き
外耳	耳介	音（波）を**集める**。
	外耳道	音（波）を**増幅**して、**中耳**に伝える。
⬇		
中耳	鼓膜	音（波）により振動する。
	鼓室	**耳管**によって**咽頭につながって**いる。その内圧は外気圧と**等しく**保たれている。
	耳小骨	鼓膜の**振動**を**増幅**して、**内耳**に伝える。
⬇		
内耳	蝸牛（管）	有毛細胞の感知で電気信号に変え、蝸牛神経から大脳に伝える。アブミ骨からの音の振動が伝わる。
	前庭	体の傾きを感受。有毛細胞の上の耳石の傾きで感知する。**平衡感覚**をつかさどる。
	半規管	体の回転運動、加速度を感受。リンパ液の流れる方向で、体の前後左右を感知。三半規管ともいう。**平衡感覚**をつかさどる。

内耳の**「前庭」と「半規管」だけが平衡感覚**をつかさどる部位で、**その他は聴覚**に関する部位だ。この表の赤字部分を覚えればよい。ゴロ合わせを経てから、出題パターンを確認しよう。

ナイジェリアでは庭の前に、3班の牛がいる。
（内耳、　　　　　　　　　前庭、　三半規管、蝸牛）

また、視覚と聴覚以外の感覚器についても出題されることがあるので、これらのポイントを補足しておきたい。以下の3つのポイントだけだ。

■ Study ㊾ 嗅覚・味覚・皮膚感覚のポイント

• 嗅覚	→**同じ匂いに疲労しやすい**。
• 味覚	→**苦さに敏感。加齢により鈍く**なる。
• 皮膚感覚	→痛みを感じる**痛覚点の密度**が、**他の感覚点より大きい**。
	→温度感覚では、**温覚**より**冷覚が鋭敏**である。

● 「聴覚等」の出題パターン

①内耳は、前庭、半規管、及び蝸(か)牛（うずまき管）の三つの部位からなり、前庭と半規管が平衡感覚、蝸牛が聴覚を分担している。（令5.1～6ほか）

②平衡感覚に関係する器官である前庭及び半規管は、中耳にあって、体の傾きや回転の方向を知覚する。（令元.7～12ほか）

③耳介で集められた音は、鼓膜を振動させ、その振動は耳小骨によって増幅され、内耳に伝えられる。（令5.1～6ほか）

④鼓室は、耳管によって咽頭に通じており、その内圧は外気圧と等しく保たれている。（令5.1～6ほか）

⑤嗅覚は、わずかな匂いでも感じるほど鋭敏で、同じ臭気に対しても疲労しにくい。（平27.7～12ほか）

⑥皮膚感覚には、触圧覚、痛覚、温度感覚（温覚・冷覚）などがあり、これらのうち冷覚を感じる冷覚点の密度は他の感覚点に比べて高い。（令元.7～12ほか）

パターン①の内耳の３つの器官は前ページのゴロ合わせ、また **229 ページの Study ㉛から「前庭」と「半規管」だけが平衡感覚**をつかさどる部位であり、蝸牛は聴覚に関する部位なので、**正しい**。そして、**パターン②**は前庭と半規管が「中耳」にあるとする点で**誤っている**。**内耳**だ。

パターン③と④は Study ㉛から、それぞれ**正しい**ので、確認しておいてほしい。

パターン⑤は嗅覚の話だ。前ページの **Study ㉜**で述べたように、**同じ匂いに疲労しやすい**ので、**誤っている**。

また、**パターン⑥は皮膚感覚**の話だ。どの感覚点の密度が大きいかというと、**痛覚点なので、誤っている**。このパターンは過去 10 年間で 5 回出題されているぞ。なお、**「温度」感覚の話（冷覚が鋭敏）**と混同しないように。

直前に再チェック！

①網膜の細胞のうち色と明るい光を感じるのは… **➡錐状体！**

②網膜の細胞のうち暗い所で弱い光を感じるのは… **➡杆状体！**

③平行光線が網膜の後方で像を結ぶ状態は… **➡遠視と老眼！**

④平衡感覚をつかさどる耳の器官は… **➡前庭と半規管！**

⑤前庭と半規管はどこにある？ **➡内耳！**

⑥内耳のもう１つの器官は… **➡蝸牛（管）！**

攻略パターン36

正攻法で攻略！血液に関する知識のまとめ！

「血液」の成分等に関する問題は頻出だが、覚えるべきことが多い。ここは正攻法でコツコツと知識を習得していこう！

頻出度は文句なしの「S」！ 地道な努力も必要だ！

ここでは労働生理の科目のうち**「血液の知識」**に関する解説をする。血液の成分等については、過去10年間で全85問も出題されており、頻出度は文句なしのSだ。ここでは様々な知識が必要となるが、まずは必要な知識を集めたStudy ㊸を紹介しよう。

■ Study ㊸ 血液の知識のポイント

〔血液の構成〕

- **主な有形成分**：**赤血球、白血球、血小板**の3つ。　→約**45%**。
- **液体成分**：血漿。　→約**55%**。

項目	内容
赤血球	**骨髄で産生**される。赤血球中の**ヘモグロビンが酸素を運搬**する。鉄分を含む。**寿命は約120日。** **「血球」中の約96%を占め、「血球」中で数は最も多い。** **■ヘマトクリットについて** **血液**に占める**赤血球**の相対的**容積**（単位は%）のこと。 **脱水で数値は高く**なり、**貧血では低く**なる。 正常値は、男性約45%、女性約40%。

白血球	骨髄・リンパ組織で生成される。体内への**細菌や異物の侵入を防ぐ**。 **寿命は3～4日**。 **■白血球には、主に以下の成分がある。** **〔リンパ球〕**…**免疫**作用の中心。**占有率は約30%**。 主に**異物を攻撃**する細胞が、**T細胞（Tリンパ球）**。 主に**抗体を産生**する細胞が、**B細胞（Bリンパ球）**。 **〔好中球〕→占有率は60%**。 異物を認識し、**細菌などを貪食して分解**。 **〔好塩基球〕→**占有率は最も少ない。 ヒスタミンは炎症部位の血管拡張、ヘパリンは血管内の血液凝固を抑える。
血小板	**止血**機能。骨髄で産生。不定形細胞。
血　漿	90%以上が水分であり、他に蛋白質、糖質、電解質、ホルモン、酵素、二酸化炭素などが溶解している。 **■血漿中の蛋白質について** **〔アルブミン〕** **血液の浸透圧の維持**に関与、細胞へ蛋白質を供給。 **〔グロブリン〕** **免疫機能**に関与。γグロブリン（抗体）は免疫グロブリン。 **■凝固と凝集について** **〔フィブリノーゲン〕** **血液の凝固に関連する線維素原**。 →**凝固とは、血漿中のフィブリノーゲン（線維素原）がフィブリン（線維素）に変化**する現象。 →赤血球にある**「凝集原」**というものと、**他人の血清中の「凝集素」**というものが反応して、**赤血球が寄り集まる現象である「凝集」と区別**すること！

ちょっと知識量が多いが、以上である。いくつかゴロ合わせを紹介しておこう。

◆白血球におけるリンパ球の細胞の働き

父さん攻撃　ビビって交替！
（T 細胞、異物を攻撃）（B 細胞、抗体産生）

◆ヘマトクリットについて

ヘマしまくった、設計だ YO ！
（ヘマトクリット、血液に占める赤血球の〔相対的〕容積）

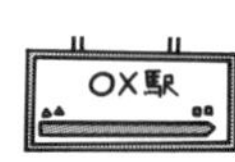

◆血漿中の蛋白質の働き

駅にグローブ、あるシンドイ！
（免疫機能、グロブリン）（アルブミン、浸透圧を維持）

では**「血液の知識」に関する出題パターン**を確認してみよう。ここでは問われる知識数が多いので、出題パターン数も多めだ。

●「血液の知識」の出題パターン

①赤血球は、骨髄で産生され、寿命は約 120 日であり、血球の中で最も多い。（令元 .7 ～ 12 ほか）

②赤血球の寿命は、約 120 日で、白血球の寿命に比べて長い。（平 28.1 ～ 6 ほか）

③赤血球中のヘモグロビンは、酸素を運搬する。（平 23.7 ～ 12）

④血液中に占める白血球の容積の割合をヘマトクリットといい、感染や炎症があると増加する。（令 2.7 ～ 12 ほか）

⑤血液中に占める赤血球の容積の割合をヘマトクリットといい、貧血にな

るとその値は高くなる。（令元.7 ～ 12 ほか）

⑥血液の容積に対する血小板の相対的容積をヘマトクリットという。（平26.7 ～ 12）

⑦赤血球は、損傷部位から血管外に出ると、血液凝固を促進させる物質を放出する。（令 2.7 ～ 12 ほか）

⑧白血球の一種であるリンパ球には、細菌や異物を認識し攻撃するＢリンパ球と抗体を産生するＴリンパ球などがあり、免疫反応に関与している。（平 28.1 ～ 6 ほか）

⑨リンパ球は、白血球の約 30％を占め、Ｔリンパ球やＢリンパ球などの種類があり、免疫反応に関与している。（平 30.7 ～ 12 ほか）

⑩好中球は、白血球の約 60％を占め、偽足を出してアメーバ様運動を行い、体内に侵入してきた細菌などを貪食する。（令元.7 ～ 12 ほか）

⑪血漿（しょう）中の蛋（たん）白質のうち、アルブミンは血液の浸透圧の維持に関与している。（令 5.1 ～ 6 ほか）

⑫血漿（しょう）中の蛋（たん）白質のうち、グロブリンは血液浸透圧の維持に関与し、アルブミンは免疫物質の抗体を含む。（令 4.7 ～ 12 ほか）

⑬血液は、血漿（しょう）と有形成分から成り、血漿（しょう）成分は血液容積の約 55％を占める。（令 5.1 ～ 6 ほか）

⑭血液は、血漿（しょう）と有形成分から成り、有形成分は赤血球、白血球及び血小板から成る。（令 4.7 ～ 12 ほか）

⑮血液の凝固は、血漿（しょう）中のフィブリノーゲンがフィブリンに変化し、赤血球などが絡みついて固まる現象である。（令 5.1 ～ 6 ほか）

⑯ある人の血漿中のフィブリン（線維素）と別の人の血清中のフィブリノーゲン（線維素原）との間で生じる反応を血液の凝集という。（平 27.7 ～ 12 ほか）

⑰ ABO 式血液型は、白血球による血液型分類の一つで、Ａ型血液の血清は抗Ａ抗体をもつ。（平 30.7 ～ 12）

パターン①～⑦は赤血球に関する知識が問われている。

まず、**パターン①は、赤血球は骨髄で産生**され、**寿命は約 120 日、血球の中で最も多い**ということで**正しい**。すると、**パターン②も正しい**ことがわかる。なお、**白血球の寿命は 3 ～ 4 日**だ。特に**パターン②**は過去 10 年間で 7 回も出題されているので、押さえておこう。

さらに、**パターン③**は、**赤血球中のヘモグロビンが酸素を運搬**するという話で、これも**正しい**。

次に**パターン④～⑥はヘマトクリット**の話だが、**ヘマトクリットとは、血液中に占める赤血球の相対的容積の割合**だ。よって、**パターン④は「白血球」**、**パターン⑥は「血小板」**となっている点で**誤っている**。

そして、**パターン⑤は前半は正しいが、貧血では値が低くなるので誤っている**。ヘマトクリットについては、このようなヒッカケ問題が出てくるので注意しよう。

パターン⑦は、赤血球が血液凝固を促進させる物質を放出するかという点だが、これは**誤っている**。損傷部位から血管外に出ると、血栓（血液の固まり）をつくるのは**血小板**である。そして、この血液の凝固を促進させる物質を放出するのは**血漿**だ。

次に、**パターン⑧～⑩は白血球**についての問題である。**白血球は免疫反応に関与**し、**細菌や異物を認識し攻撃する T リンパ球と抗体を産生する B リンパ球**などがある。よって、**パターン⑧は説明が逆**になっており、**誤っている**。そして、**リンパ球が白血球中に占める割合は約 30%**なので、**パターン⑨**は**正しい**。

パターン⑩は、白血球中の好中球の話だが、**白血球の約 60%を占め**、偽足を出してアメーバ様運動を行い、**細菌などを貪食**するので**正しい**内容だ。

この先は、ほぼ血漿についての問題だ。まず**パターン⑪**だが、血漿中の蛋白質のうち、**アルブミンは血液の浸透圧の維持に関与**しているので**正しい**。そうなると、**パターン⑫は誤っている。グロブリンは免疫機能に関与**する蛋白質だ。

そして、**パターン⑬**だが、**血液は血漿と有形成分から成っており、血漿は「血液」の容積の約55%程度を占めるので正しい**。

このパターン⑬は、**過去10年間で5回も出題**されているよ！

ここまでの総まとめ的な問題が**パターン⑭**だ。**血液の主な「有形」成分は、赤血球、白血球、血小板の3つで、「液体」成分が血漿**だ。**正しい**。

パターン⑮と⑯は、「凝固」と「凝集」について問われている。

血液の**「凝固」**とは、血漿中の**フィブリノーゲン（線維素原）**が**フィブリン（線維素）**に変化する現象であり、**パターン⑮**は**正しい**。

しかし、**パターン⑯の「凝集」**は、**赤血球**にある**「凝集原」**というものと、**他人の血清中の「凝集素」**というものが**反応**を起こして、**赤血球が寄り集まる現象**をいう。よって、**誤っている**。

「凝固」と「凝集」の問題は、**過去10年間で**合わせて**12回も出題**されているので、ここも注意しておこう！

最後の**パターン⑰**は、頻出度が低いので触れていない。いわゆる血液型の話だ。白血球ではなく、**赤血球のA型血液の血清中には抗B抗体、B型血液の血清中には抗A抗体**があるので、**誤っている**。

もしこの問題が出たら「逆！」というイメージをもっておけば、対応できるよ。

直前に再チェック！

①赤血球の産生が行われるところは…　➡骨髄！

②赤血球の寿命は…　➡約120日！

③ヘマトクリットとは…　➡血液中に占める赤血球の容積の割合！

④白血球中の異物を攻撃する細胞は…　➡T細胞（Tリンパ球）！

⑤白血球中の抗体を産生する細胞は…　➡B細胞（Bリンパ球）！

⑥血漿中の蛋白質のうち血液の浸透圧の維持に関与するのは…　➡アルブミン！

⑦血漿中の蛋白質のうち免疫機能に関与するのは…　➡グロブリン！

⑧血液の凝固とは…　➡血漿中のフィブリノーゲン（線維素原）がフィブリン（線維素）に変化する現象！

コラム　こんな解き方もある!?（ウラ技）

最後に**試験現場でどうしてもわからない問題**が出てきた場合に役に立つかもしれない**ウラ技的な解き方**を紹介しよう。**「出題のされ方」から解く方法**だ。絶対ではないが、完全にヤマカンで解答するよりは正解率は上がる。

まず、**問題文の最後に「ことはない」**とある場合、**その問題は誤っている可能性が高い**。「絶対にない」ということは、まずないからだ。つまり、問題文に**可能性を一切否定するようなフレーズ**がある場合、**その問題は誤っている可能性が高い**ということだ。**類似のフレーズとして「すべて〇〇」**というフレーズもある。

次に、**穴埋め問題**においては、**空欄に補充する語句が提示**されるが、その**提示された語句が"1人ぼっち"**の場合、**その選択肢が正解となる可能性は低く**なる。例えば、実際に出題された下の問題において、もし空欄Aの正解が「1年」だとすると、空欄Aだけ判断できれば正解できる問題となってしまう。このような問題を出すのは勇気がいるのだ。なお、**下の問題の正解は（4）**であった。こんなことも頭のすみに置いておくと役立つかもしれない。皆さんの合格を祈る。

	A	B	C	D
（1）	1年	50mSv	1か月	5mSv
（2）	3年	100mSv	3か月	10mSv
（3）	3年	100mSv	1年	50mSv
（4）	5年	100mSv	1年	50mSv
（5）	5年	200mSv	1年	100mSv

縦列で見た場合、1つしかない語句がある選択肢の正解率は低い！

攻略36　正攻法で攻略！　血液に関する知識のまとめ！

本書に関する正誤等の最新情報は、下記のアドレスでご確認ください。
http://www.s-henshu.info/1ekpk2312/

上記掲載以外の箇所で正誤についてお気づきの場合は、**書名・発行日・質問事項（該当ページ・行数・問題番号**などと**誤りだと思う理由）・氏名・連絡先**を明記のうえ、お問い合わせください。

- web からのお問い合わせ：上記アドレス内【正誤情報】へ
- 郵便または FAX でのお問い合わせ：下記住所または FAX 番号へ

※電話でのお問い合わせはお受けできません。

[宛先] コンデックス情報研究所
『スピード合格！ 第 1 種衛生管理者パターン別攻略法 '24 年版』係
住　所：〒 359-0042　所沢市並木 3-1-9
FAX 番号：04-2995-4362（10:00 ～ 17:00　土日祝日を除く）

※本書の正誤以外に関するご質問にはお答えいたしかねます。また、受験指導などは行っておりません。
※ご質問の受付期限は、**2025 年 1 月までの各試験日の 10 日前必着**といたします。
※回答日時の指定はできません。また、ご質問の内容によっては回答まで 10 日前後お時間をいただく場合があります。
あらかじめご了承ください。

イラスト：ひらのんさ

■編著：コンデックス情報研究所
1990 年 6 月設立。法律・福祉・技術・教育分野において、書籍の企画・執筆・編集、大学および通信教育機関との共同教材開発を行っている研究者・実務家・編集者のグループ。

スピード合格！ 第1種衛生管理者パターン別攻略法 '24年版
2024年 2 月20日発行

編　著　コンデックス情報研究所
発行者　深見公子
発行所　成美堂出版
〒162-8445　東京都新宿区新小川町1-7
電話(03)5206-8151 FAX(03)5206-8159
印　刷　大盛印刷株式会社

ISBN978-4-415-23798-5
落丁·乱丁などの不良本はお取り替えします
定価はカバーに表示してあります